The Complete
Conversations With God I (Vol. 2)

與神對話 I 下

尼爾・唐納・沃許——著
王季慶——譯

目錄
CONTENTS

上冊

下冊

8 在關係裡沒有義務，只有機會

在關係上我什麼時候才會學夠，而能順利進行？到底有沒有一種方法可以讓我在關係中保持快樂？關係裡必得是經常不斷的挑戰嗎？

在關係上，你沒有什麼可學的，你只需展現你已經知道的。

不過的確有一個方法能讓人在關係中得到快樂，那就是以關係本該有的目的去運作，而非你設計好的目的。

關係經常是具挑戰性的；經常召喚你去創造、表現，並且經驗你自己的更高又更高的面向，你自己的更宏偉又更宏偉的視野，你自己的越來越崇高的版本。沒有什麼比在關係裡你更能即刻的、具衝擊力的，並且純淨的做到這些。事實上，沒有關係，你根本完全無法做到。

唯有透過你與其他人、地及事件的關係，你才能存在宇宙裡（做為一個可知的「量」，做為一個可被認明的物體）！記住，每樣事物都不在時，你也不在。只有在相對於非你的事物時，你才是你是的事物，這就是相對世界的準則，與絕對世界——我所居之處——相反。

一旦你清楚的了解了這點，一旦你深切的理解了，那時你便會直覺的祝福每一個經驗、所有人類的接觸，尤其是個人性的人際關係，因為以最高的說法而言，你視關係為建設性的。你明白關係可以、必須、正在被用（不論你是否想要關係如此）來構築你真正是誰。

那個構築可以是你自己有意設計的一個宏偉創作，或完全是個偶發的形狀。你可以選擇任由發生的事來形塑自己，你也可以主動對所發生的事選擇自己要如何被形塑。自體（self）的創造在後者的形式才變得有意識起來。自體在後者的經驗裡才得以實踐。

所以，要祝福每個關係，將每個關係都視為特殊，並且都形塑了你是誰，以及現在選擇做誰。

不過我想你要問的是浪漫的兩性關係，我了解這點，所以讓我明確，並且詳細的來談人類的情愛關係——那些不斷給你許多麻煩的事！

當人類的愛情關係失敗（這完全是就人類的說法而言，實際上關係永遠不會真正失敗，只不過沒產生你所想要的結果），那是因為人們為了錯誤的理由進入關係。

當然，「錯誤」是個相對的說法，意指以「正確的」——不論那是什麼——當作衡量的標準！以人類的語言來說，比較精確的說法是：「關係的失敗——改變——最常發生在當人們為了不全然有益或有助於關係的理由而進入關係的時候」。

大多數人進入關係時，著眼在他們能從中得到什麼，而非他們能給予什麼。

關係的目的是，決定你喜歡看到自己的哪個部分「顯出來」，而非你可以捕獲且保留別人的哪個部分。

就關係，甚至就整個人生而言，只能有一個目的：去做，而且去決定你真正是誰。

你說，你本來「一無是處」，直到有位特殊的人出現，這雖然很浪漫，但卻不是事實。更糟的是，這是將不可置信的壓力加在別人身上，要他做各種他本不是的一切。

為了不想「令你失望」，他非常努力的想做些什麼，直到再也做不下去了。他不再能完成你對他的期待，他不再能扮演好你派給他的角色，於是憎恨逐日累積，憤怒也隨之而至。最後，他為了要救自己（以及那關係），這個「特殊的人」開始重新做回他真正的自己，較為按照他真正是誰去行動。差不多就在這時，你說他「真的變了」。

現在你說你的這位「特殊的人」已進入了你的人生，你覺得完整了，這非常浪漫。然而，關係的目的並不是有一個能令你完整的人；而是有一個你可以與他分享你的完整的人。

這就是所有人際關係的矛盾所在：你並不需要一個特定的人，來使你完全體驗你是誰，但是……沒有另一個人，你卻什麼也不是。

這既是人類的經驗會如此神秘與神奇，又充滿挫折感和喜悅的地方。要想以一種有意義的方法待在這樣的矛盾裡，需要很深的了解和完全的甘願。據我觀察很少人能做得到。

你們大半的人都是帶著滿懷期待、充滿性能量、一顆大為開放的心，以及一個喜悅、熱忱的靈魂進入你們「關係形成」的歲月。

在大約四十歲到六十歲之間（大部分的人則更早，而非更晚），你放棄了你最大的夢想，擱置了你最高的希望，而安於你最低的期望上——或根本一無所有。

這問題是如此基本，如此簡單，然而又如此悲慘的被誤解：你最大的夢想、你最高的想法和你最喜愛的希望，都是與你摯愛的別人而非你摯愛的自己有關。你關係的試金石在於，別人多能附和你的想法，以及你覺得自己多能附和他人的想法。然而，唯一真正的試金石卻是與你能多附和自己的想法有關。

由於關係提供了人生最大的機會——的確，其唯一的機會——去創造和製造你對自己的最高觀點的經驗，所以關係是神聖的。因此當你將關係看作是去創造和製造你對他人的最高觀點的經驗時，關係便會失敗。

讓在關係裡的每個人都只擔心他自己——自己在做誰、做什麼和有什麼；自己在要什麼、要求什麼、給予什麼；自己在尋求、創造和經驗什麼，那麼，所有的關係都會綽綽有餘的滿足其目的，以及關係裡的參與者！

讓在關係裡的人別去擔心別人，卻只、只、只擔心自己。

這似乎是個奇怪的說法，因為有人曾告訴你，在最高層次的關係裡，一個人只擔心別人。然而我要告訴你的是：你集中焦點在別人身上——你對別人的執迷——才是造成關係失敗的原因。

別人是誰？別人在做什麼？別人有什麼？別人在說什麼？想要什麼？要求什麼？別人在想什麼？期待什麼？計畫什麼？

大師了解，別人是誰，在做什麼、有什麼、說什麼、需要什麼、要求什麼，根本與你無關。別人在想、期待、計畫什麼根本與你無關。唯一有關的是，在你與他人的關係裡，你是誰。

最有愛心的人就是「自我中心」的人。

這是個激進的觀念……

如果你仔細觀察，便知並非如此。如果你無法愛你自己，你便無法愛別人。許多人犯了一個錯誤，他們經由愛別人來尋求對自己的愛。當然，他們並沒有覺悟到自己正這樣做，這並非一個有意識的努力。這是在心裡進行的，心的深處，在你們所謂的潛意識裡，他們想：「如果我能愛別人，他們也會愛我。那麼我將是可愛的，而我能愛我自己。」

這個概念的反面就是，許多人恨他們自己，因為他們覺得沒有人愛他們。這是一種病——這是人們真的害了「相思病」（love sick），因為真相是，別人的確愛他們，但那根本與你無關。不管多少人公然宣稱對他們的愛，都還不夠。

首先，他們不相信你。他們認為你試圖操縱他們——試圖得到什麼東西。（你怎麼可能愛他們真正的樣子？不成，一定有些錯誤。你一定想要什麼東西！那麼，你到底要什麼？）他們鎮日無所事事，只試著理解怎麼有人可能真的愛他們。因為他們不相信你，於是開始從事一些活動，好讓你去證明。你必須證明你愛他們，而要做到這點，他們可能要你開始改變行為。

其次，如果他們終於得到一個結論：能夠相信你愛他們了，他們又會開始擔心能保有你的愛多久？所以，為了要抓住你的愛，他們開始改變他們的行為。

如此，兩個人都在關係中喪失了自己。他們進入這關係，希望找到自己，卻反而喪失了自己。

這種配對所導致的怨懟，多半是在關係中喪失了自己的緣故。

兩個人在一種合夥關係中結合，希望全體比部分之總合要來得大，卻發現反而更差。他們覺得比當他們是單身時還要差，能力更差，更不能幹，更不興奮，更沒吸引力，更少喜悅，更少滿足。

因為他們放棄了自己大半的本來面目，以便生存——並且停留——在他們的關係中，導致自己真的變得較差了。

關係從來不該是這個樣子的。然而，卻有超乎想像的多的人，都是如此在體驗關係的。

為什麼？為什麼呢？

那是因為人們已喪失了（如果他們真的曾有過）與關係中的自己連繫。

當你再也看不到彼此為神聖旅程上的神聖靈魂時，你就無法看見在所有關係背後的理由和目的。

為了進化的目的，靈魂才進入身體，而身體進入生命。你正在進化，你正在變。而你正在用你與每樣東西的關係，來決定你在變為什麼。

這是你到這兒來做的事；這是創造自己、認識自己的喜悅；有意識的變為你希望成為什麼的喜悅；這就是有「自我意識」。

你將自己帶到了相對性世界，以便可以擁有認識且體驗「你真的是誰」的工具。「你是誰」就在與所有其他一切的關係中，你創造自己成為什麼。

在這過程中，最重要的因素就是你的個人關係。因此你的個人關係是個神聖的領域，與他人實際上毫無關係，然而，由於你的個人關係涉及了別人，所以也與他人甚有關係。

這就是神聖的二元性，這就是封閉的圓。所以，若說「自我中心的人有福了，因為他們將認識神」，這並不是很激進的觀念。在你的人生中，去認識自己的最高部分，並且停留在那中心，可能並不是個壞的目標！

所以，你的第一個關係必然是與自己的關係。你必須先學會尊重、珍惜，並且愛你自己。

在你能視別人為有價值的人之前，你首先必須視自己為有價值的。在你能視別人為有福的之前，你首先必須視自己為有福的。在你能承認別人的神聖性之前，你首先必須認識自己為神聖的。

如果你將車放在馬的前方——如大半的宗教叫你做的——並且在承認你自己是神聖的之前，先承認別人是神聖的，有一天你會心懷憎恨。如果有什麼事是你們沒辦法忍受的，那就是有人比你還神聖。然而，宗教卻強迫你們稱別人比你們神聖。因此你們會照做一陣子，然後將他們釘在十字架上。

你們曾（以一種或另一種方式）釘死了所有我派給你們的老師，不只是一位而已。你們這麼做，並非因為他們比你神聖，而是因為你們把他們看成是那樣。

這些老師們全都帶來同樣的訊息：並非「我比你神聖」，而是「你與我一樣神聖」。

這是你們尚未能聽見的訊息，這是你們尚未能接受的真理，而那就是你們為何永遠無法真正的、單純的愛上別人的原因。因為你從未真正的、單純的愛上你自己。

因此我告訴你：現在並且永遠以你自己為中心。在任何一刻好好看看你是什麼、做什麼、有什麼，而非別人怎麼樣。

你的救贖並不能在別人的行為（action）中找到，只能在你的反應（reaction）中找到。

雖然我心中明白，但不知怎的，這聽起來就像我們不該在意關係中別人對我們做了什麼。他們可以為所欲為，只要我們保持平衡，保持住自己如如不動，以及所有那些美德，便沒有東西能影響我們。但其他人的確影響了我們，他們的行為的確傷害了我們，而當傷害進入了關係時，我卻不知如何是好。如果我能對自己說：「站開一些；讓傷害沒有意義。」好像不錯，但知易行難啊！在關係裡，我的確曾被別人的言語和行為傷害過。

會有那麼一天，你不再受傷。在那一天，你會了悟——並且實現——關係的真正意義，關係的真正理由。

你已忘記這點，所以你以那種方式反應。但這樣也沒關係，那是成長過程的一部分，那是進化的一部分。在關係裡，你從事的是靈魂的工作，然而那是一個主要的了解，一個主要的憶起。你仍然必須在你的那個層面努力——了解的層面、願意的層面、憶起的層面，直到你憶起這點，並且也憶起了如何利用關係為創造自己的一項工具。

因此，當你對別人的所思、所言或所行感到痛苦或傷痛時，可以先對自己和別人誠實的承認你到底感覺如何。很多人怕這樣做，認為那會令自己「不好意思」，而你內心深處的某個地方了解，「那樣感覺」很可能是可笑的，很可能是太小氣了。不是的，你「比那大氣多了」；但你卻沒辦法。你仍然那樣感覺。

只有一件事你可以做，你必須尊重自己的感受。因為尊重你的感受，意謂著尊重你自己，而且你必須愛你的鄰人如愛自己一樣。如果你無法尊重自己內心的感受，你又如何能期待去了解和尊重別人的感受呢？

在與別人的互動過程裡，第一個問題是：現在「我是誰」，還有「我想要做誰」？你往往不記得「你是誰」，並且不知道「你想做誰」，直到嘗試了好幾種方式，這就是為什麼尊重你最真實的感受是如此重要。

如果你的第一個感覺是負面的，有那感覺往往就足以讓你遠離它了。因為當你有那憤怒、有那不悅、有那厭惡、有那怒氣、爽快承認想「傷害回去」的感覺時，才能捨掉這些第一次的感覺為「非你想要做的人」。

大師則是都已經歷過這類經驗，而能事先預知她最終的選擇是什麼的人。她並不需要「試」任何事。她以前穿過這些衣服，知道它們並不合身；它們不是「她」。而既然一位大師的一生都致力於不斷的實現她所知的自己，她就再也不會懷抱這種不合適的感覺。

那就是為什麼大師面臨其他人可能會稱為災難的事情時，能面不改色的原因。大師祝福災難，因為大師明白，自己的成長來自災禍（及所有經驗）的種子。而大師的第二個人生目的永遠是成長。因為一旦一個人已經完全的自我實現了，便再也沒別的事可做，除了更多的自我實現之外。

在這個階段，一個人由靈魂的工作轉移到神的工作（God work），因為這正是我在做的事！

為了這個討論的目的，我會假定，你仍然在努力於靈魂的工作，你仍在尋求實現——使成「真實」——你真正是誰。生命（我）會給你豐富的機會去創造（記住，人生並非一個發現的過程，人生是個創造的過程）。

你可以一而再的創造你是誰。的確，你每一天都在做。不過，照事情的現狀來看，你並不總是發現同樣的答案。在雷同的外在經驗之下，第一天你的反應可能是選擇要有耐心、有愛心和仁慈。第二天你可能選擇要憤怒、脾氣壞而悲傷。

大師則是永遠得出同樣答案的那個人——而那答案永遠是最高的選擇。

在這點上，大師是隨時隨地可預測的；相反的，學生則是完全的不可預測。一個人在成為大師的道路上，只需藉由他對任何情況的反應是否總如預期般做出最高的選擇，便可知他做得怎麼樣了。

當然，這開啟了一個問題：什麼選擇才是最高的選擇？

這是有史以來，一直環繞著人類哲學和神學的一個問題。如果這個問題真的令你關注，你已經在做大師的路上了。因為事實上，大多數人仍然繼續完全關注於另一個問題上。不是什麼才是最高的選擇，而是什麼才是最有利的選擇？或我如何能損失得最少？

當你由減低損失或最大利益的觀點來過生活時，人生真正的利益就喪失了，機會就失去了。因為這樣的人生是在恐懼中度過的，而那種人生是個謊言。

因為你並非恐懼，你是愛，並不需要保護的愛，無法失去的愛。然而，如果你繼續回答第二個問題而非第一個問題的話，你就永遠不會在你的經驗裡明白這點。因為只有一個患得患失的人，才會問第二個問題。而只有一個以不同方式看人生的人，會看他自己為一個較高的存在；他了解贏或輸並非那試金石，只有去愛或沒能去愛才是，只有這樣的人才問第一個問題。

問第二個問題的人說：「我是我的身體。」問第一個問題的人說：「我是我的靈魂。」

現在，讓所有有耳能聽的人注意聽吧！因為，我要告訴你們：在所有的人際關係裡，在重要關頭時，只有一個問題：

「現在愛會做什麼？」

沒有其他中肯的問題，沒有其他有意義的問題，沒有其他問題於你的靈魂有任何重要性。

現在我們來到了一個非常微妙的詮釋點，因為「由愛出發的行為」這個原則一直廣為人所誤解，也就是這個誤解，導致了人生的憎恨和憤怒，而那又轉而招致許多人偏離了正道。

多少世紀以來，你們都被教以由愛出發的行為，是出自會帶給別人最高善的不論哪種做人、做事和擁有的選擇。

然而，我卻要告訴你：最高的選擇即是帶給你最高善的選擇。

就像所有深奧的靈性真理一樣，這個聲明令它面對了即刻的錯誤詮譯。一旦一個人決定了他能為自己做的最高「善」是什麼的時候，這奧秘就澄清了一些。而當絕對的最高選擇被執行時，奧秘就化解了，循環也完成了，而對於你的最高善，變成了對於別人而言的最高善。

你們也許要花幾輩子，甚至更多輩子去實行，才能理解這點，因為這項真理繞著一個更大的真理：你為自己做了什麼，你便是為別人做了什麼；你為別人做了什麼，你就是為自己做了什麼。

這是因為，你和別人是一體的。

而這是因為……

除了你之外，並沒有別人。

所有曾活在你們星球上的大師們都教過這點（「我實在告訴你們，凡你們對我這些最小兄弟的一個所做的，就是對我做的」）。然而對大多數人而言，這仍然還只是個玄祕的真理，而很少實際的去應用。但事實上，這是自古以來最實際可行的「玄秘的」真理。

在關係中，記住這個真理是重要的，不然關係會非常困難。

現在讓我們暫且由這純粹靈性、玄秘的面向站開，回到實際的應用上。

在舊的理解之下，人們——善意的，並且許多是非常有宗教情操的——往往在他們的關係中，為對方做了他們認為會是最好的事，但令人悲傷的是，在許多例子裡（在大多數的例子裡），造成的卻只是被對方持續的虐待，關係持續的運作不良。

最後，那些試著對對方「做該做的事」——很快的原諒人，表示同情，繼續的忽略某些問題和行為——的人，會變得滿懷怨恨、憤怒和不信任，甚至對神也如此。因為，一位公正的神怎麼可能要求這種無窮盡的受苦、沒有歡喜，只有犧牲？即使以愛之名？

但事實上，神並沒有。神只叫你將自己包括在你的愛裡面。

神甚至還更進一步建議你，將自己放在第一位。

可我也完全明白你們有的人將稱此為褻瀆，因此會說這並不是我的話；有的人甚至會做出更糟的事：就是接受這是我的話，但卻誤解或曲解它，以便適合你們自己的目的，去合理化那些不敬神（ungodly）的行為。

我告訴你——將你自己放在第一位，在最高的說法上，絕不會導致成不敬神的行為。

所以，如果你在做對你最好的事，結果發現做的卻是不敬神的行為的話，你的迷惑不應該是你是否將自己放在第一位，反而應該是你是否誤解了什麼對你才是最好的。

當然，決定什麼對你才是最好的，你需要先決定你試圖做的是什麼。這是許多人忽視的一個重要步驟。你「想做」什麼？你在人生中的目的是什麼？若沒有回答這些問題，在任何既定的情況裡，什麼才是「最好」的問題，將一直是個不可解之謎。

實際的說——再次的，別管玄秘的一面——在你被虐待的情形裡，如果你注意什麼對你是最好的，至少你會制止那虐待，而那於你以及你的施虐者都是好的。因為當他的虐待被允許繼續時，甚至一個施虐者也受虐了。

這對施虐者並無治癒作用，反而有損害。因為，如果施虐者發現他的暴行是可被接受的，他學到了什麼？然而如果施虐者發現別人不再接受他的暴行，他又被容許發現了什麼？

所以，以愛待人並不必然表示允許他人隨心所欲。

做父母的很快就從孩子身上學到了這些。成人們卻沒有這麼快學到該如此對待其他的成人，國對國也一樣。

然而，除了不可容許暴君猖狂，還必須制止其暴政。為了對自己的愛，以及對暴君的愛，你都該如此做。

這是對你的問題：「如果愛是所有存在的一切，人如何還能合理化戰爭？」的答覆。

有時候，人必須上戰場以做出關於人真正是誰的聲明：痛恨戰爭的人最偉大的聲明。

有時候，你可能必須放棄你是誰以便做你是誰。

相信曾有些大師們教過你：直到你願意完全放棄一切，你才能擁有一切。

故此，為了要「擁有」你自己是一個和平的人，有時你可能必須要放棄自己絕不上戰場的觀念。歷史就曾要求人做出過這種決定。

在最個別和最個人的關係裡也是一樣的。生命可能不只一次要你藉由演出你本不是的一面，來證明「你是誰」。

這對活了相當歲數的人應該不難理解，雖然對理想主義的青年人來說，可能根本就是矛盾。在較成熟的反思裡，它則更像是神聖的二分法（divine dichotomy）。

這並不意謂著，在人際關係裡，如果你受到傷害，就必須「傷害回去」（在國與國之間的關係，也不是那個意思）。這只不過意謂著，容許別人繼續傷害，也許並不是最具愛心的做法——不論是為你自己或為別人。

這該平息了某些和平分子的理論，說最高的愛是要求你對認為惡的事物不要有強力的反應。

現在，討論又再次轉到玄秘上去了，因為對這個聲明的嚴肅探討，無法忽視「惡」這個字眼，以及它所引致的價值判斷。事實上，沒有邪惡的事物，只有客觀的現象和經驗。然而你在人生中的目的本身，就要求你由越來越多的、無止盡的現象裡，選擇稀少的你稱之為惡的事物。因為除非你做此選擇，否則你無法稱自己或任何其他事物為善的——故此也無法認識或創造你自己。

藉著你稱為惡的事物，以及你稱為善的事物，你定義自己。

所以最大的惡乃是，聲稱根本沒有任何事物是惡的。

此生你存在於相對的世界裡，在那一件東西只能倚仗它與別的事物的關係而存在。這是一種同時是作用和目的的關係：提供一個你在其中可找到自己、定義自己，並且繼續不斷的重新創造你是誰的經驗領域。

選擇如神一般並不意謂著你要選擇做殉道者，也顯然不意謂著你必須選擇做受害者。

在你成為大師的路途上——當所有傷心、損害和損失的可能性都被消除了之後——能承認心傷、損害和損失為你經驗的一部分，並且決定，與之相關之下的你是誰，是很不錯的事。是的，別人的所思、所言或所行，有時候是會傷害你，而要讓它們不再傷害你的最快捷辦法就是完全的誠實——要願意去肯定、承認，並且宣告你對一件事精確的感受，仁慈卻完全而完整的說出你心中的真實；溫和卻全然且前後一致的照你的真實過活。當你的經驗帶給你新的清明時，就會輕鬆而快速的改變你的真實。

當你在關係裡受傷時，沒有一個正常的人，尤其是神，會告訴你「離開它，因為它毫無意義」。如果你現在在傷心，這沒有意義，因為為時已晚。你當前的任務應該是決定它的意義何在——並且展示那意義。因為在這麼做時，你就在選擇並且變成了你尋求要做的那個人。

所以，我不必是長期受苦的妻子，或被邈視的丈夫，或關係中的受害者，好讓自己看來神聖，或使我在神的眼中是可愛的囉？

天哪！當然不必！

並且我也不必再忍受別人對我尊嚴的打擊、對我自尊的攻擊、對我心靈的損傷，或對我心的傷害，以致我可以說，在神和人的眼中，我在關係裡已「盡了我的心」「盡了我的責任」或「盡了我的義務」。

一分鐘都不必。

那麼，神啊，請告訴我——在關係裡，我該給予什麼允諾？我該遵守什麼協定？關係帶有什麼義務？我該追尋什麼指導原則？

答案是你聽不見的答案——因為它不給你任何的指導方針，並且在你答應每一個協定時，便令協定失效了。答案是：你沒有義務。在關係裡或所有的人生裡，都沒有義務。

沒有義務？

沒有義務。沒有任何限制或局限，也沒有任何指導原則或規則。你也不受制於任何環境或情況，不被任何法規或律法所限制。你既不為任何觸犯受罰，也沒有犯法的能力——因為在神的眼中，沒有什麼「觸犯」他的事。

我以前聽過這種話——這類「沒有規定」的宗教，那是靈性的無政府主義。但我看不出這怎麼能行得通。

這沒有辦法行不通——如果你是在從事創造自己的工作的話。但如果在另一方面來說，你想像自己是努力在嘗試做別人要你做的那個人，欠缺規定或指導原則可能真的會使事情很難辦。

然而，思維的頭腦非常想問：如果神想要我們成為什麼樣的人，她為什麼不乾脆一開始就把我造成那樣？為什麼我得「克服」我是誰，以便變成神要我成為的樣子？刺探的頭腦要求知道這點——並且理當如此，因為這是個正當的詢問。

宗教信徒想要你相信，我創造的你不如我，因而你可以有機會變成我，只要你努力反抗所有不利因素——並且，我可以補充一句，反抗我假定給予你的每一個自然的傾向。

而這些所謂的自然傾向，包括了犯罪的傾向。你被教以你生於罪裡，你將死於罪裡，而犯罪是你的天性。

你們的宗教甚至告訴你，你對這點無計可施，你的行動是不相干和無意義的。想像你能藉由你的某些行動「升天堂」，是高傲的想法。到天堂（救贖）之路只有一條，而那是與你自己的作為無干的，卻是經由神接受他的兒子做為中間人而賜予你的神恩來達到的。

一旦你這樣做了，你便「得救了」。而直到你這樣做之前，你做的任何事——你過的生活、你做的選擇、你為了改進自己或令自己有價值而自願去做的任何努力——都沒有任何效果，都產生不了任何影響。你無從讓自己有價值，因為你是與生俱來的沒有價值。你被造出來就是那副德行。

為什麼？只有天知道。或許他出了差錯，或許他沒弄好，也許他希望能全部重新來過。但事情就是這樣了，怎麼辦呢？

你在嘲弄我。

非也，是你在嘲弄我。是你在說，我，神，造出天生不完美的生靈，然後要求他們完美，否則就得面對永罰。

是你在說，在進入了世俗經驗幾千年之後，我在某時某地後悔了，說從此以後，你不必然一定要做好人，你只需要在你不好時覺得難過，然後接受永遠完美的那一位為你的救主就行了，如此便滿足了我對完美的飢渴。是你在說是我的兒子——完美的那一位——救你脫離了自己的不完美——我賦予了你的不完美。

換言之，就是神的兒子救你脫離他父親之所為。

這是你——你們許多人——說是我設計出來的樣子。

那麼，到底是誰在嘲弄誰？

這似乎已是第二次在這本書裡，你對基本教義派的基督教發動正面攻擊。我很驚訝！

是你選擇了「攻擊」這個字眼。而我只不過是在談論那個議題。附帶說一句，那議題也並非你所謂的「基本教義派的基督教」。而是神的整個天性，以及神與人的關係。

這個問題在這裡出現，是因為我們正在討論義務的事——在關係以及在人生裡的義務。

你無法相信一個沒有義務的關係，因為你無法接受你真的是誰或是什麼。你稱一個完全自由的人生為「靈性的無政府主義者」，而我稱它是神的偉大允諾。

只有在這允諾的範疇內，神的偉大計畫才可能完成。

你在關係裡沒有義務。只有機會。

機會，而非義務，才是宗教的基石，才是所有靈性的基礎。只要你是從另一方面來看它，你便錯過了重點。

關係——你和所有事物的關係——被創造成你在靈魂的工作裡的完美工具。那就是為什麼所有人際關係都是神聖的領域的原因。也就是為什麼每個個人的關係都是神聖的原因。

在這點上，許多教會都是正確的，婚姻是一件聖事。但並非由於其神聖的義務，反而是由於其無可比擬的機會。

在關係裡，絕不要出於一種義務感而做任何事。不論你做的任何事，都要出於是你的關係所提供給你的了不起的機會去決定，並且做「你真正是誰」。

我聽得懂——然而，在我的關係裡，當事情遇到困難時，我總是一而再的放棄。結果是我有過好幾段的關係，但就像個小孩似的，我認為我應該只能有一段關係。我似乎不知道該如何保持一段關係，你認為我有學會的一天嗎？我要做什麼才學得會呢？

你說得好像保持一段關係就意謂著成功似的，試著別把長久與工作做得很好相混淆了。記住，你在地球上的工作，並不是看你能待在一個關係裡多久，而是去決定並且經驗「你真正是誰」。

這並非為短期關係的辯護——然而也並沒有關係必須要長期的要求。

不過，雖然並沒有這種要求，但也必須說明：長期的關係的確對相互的成長、相互的表達，及相互的成就提供了很好的機會——而那，自有其自己的報償。

我知道，我知道！我是說，我一直覺得應該是那個樣子。所以，我如何能做到？

首先，要確定你是為了正確的理由而進入一個關係（這裡，我用的「正確」這個字眼是一個相對性的字。我是指相對於你在人生中持有的更大目的而言，是「正確」的）。

如先前指明過的，大多數人仍然因著「錯誤」的理由進入關係——為了終止寂寞、填滿空虛、帶給他們自己愛，或有個人可去愛——而那些還是一些較好的理由。有的人那樣做則是為了救他們的自我、終止他們的憂鬱、增進他們的性生活、由前一個關係恢復，或，信不信由你，為了減輕無聊感。

這些理由全都靠不住。除非在半路上有一些戲劇性的改變，否則這關係也不會靠得住。

我並沒有因任何這些理由而進入我的關係。

我懷疑這句話，我不認為你知道自己為何進入你的關係，我不認為你以這種方式思考過你的關係。雖然我不認為你是有目的的進入你的關係，但我認為你是由於「落入情網」而進入你的關係。

一點都沒錯。

但我不認為你曾停下來看看你為何「落入情網」。你是在對什麼起反應？什麼需要被滿足了？

對大多數人而言，愛是對需要滿足（need fulfillment）的一個反應。每個人都有需要。你需要這個，另一個需要那個。你們倆都在彼此內在看到了一個需要滿足的機會。所以你們同意——無言的——一個交易。如果你給我你有的事物，我便給你我有的事物。

它是個交換。但你們不說出真相。你們不說：「我和你交換很多。」你說：「我愛你很多。」然後失望便開始了。

你以前曾講過這一點。

是的，而你以前也曾做過這個——不只一次，卻是很多次。

有時候這本書似乎是在兜著圈子，一再的講同樣的東西。

有點像人生那樣。

答對了。

這裡的過程是，你問問題，而我來回答。如果你以三種不同的方式問同樣的問題，我就有義務繼續回答。

也許我一直希望你會想到不同的答覆。當我問你關於關係的事時，你將很多的情愛從關係中剔除了。如果一頭栽進情網裡，而不必去思考，有什麼不對嗎？

沒有什麼不對。你可以和你想要的任何人落入情網。但如果你想和她們形成一個長期的關係，你也許就該多想想。

從另一方面來說，如果你喜歡走進關係像涉過水一樣——或，更糟一些，如果因為認為自己「必須」而停留在一段關係裡，然後過著一種「沉默絕望」的生活——如果你喜歡重複你過去的這些模式，那麼就繼續做你一向在做的事吧！

好了，好了，我懂了。你很沒憐憫心耶，是不是？

那就是「真相」所具有的問題，真相是無情的。真相不會不管你，它會一直潛行到你那，顯示給你看真實的情形，那可是很煩人的。

好吧。如上所述，我想要找到建立長期關係的工具——而你說有目的的進入關係是其中之一。

是的，要確定你和你的伴侶有同樣的目的。

如果你倆在一個有意識的層面都同意，你們關係的目的是創造機會，而非義務——成長、完全的自我表達：將你們的人生提升到最高的潛力，治癒你所曾有的對自己的每個錯謬的想法或卑劣的念頭，並且透過你們兩個靈魂的心靈交流而達到與神最後融合的機會——如果你們採用這個誓言，以取代你們曾用的誓言——你們的關係就會有一個非常好的起音，它的起步很正確，那會是個非常好的開始。

但是，仍然沒有成功的保證。

如果你在人生中想要保證，那麼你便是不要「人生」，你要的是排演一齣已經寫好的劇本。人生，就其天性，是無法有保證的，否則就喪失了它所有的目的。

好吧，我懂了。如果現在我讓我的關係有了這個「非常好的開始」，接下來我又要怎麼持續下去呢？

要明白並且了解，會有挑戰和艱難的時候。

別試圖避免它們，懷著感恩之心歡迎它們，將它們看作是由神而來的重大禮物，視之為你進入關係——以及人生——所要做的事的光榮機會。

在這些時候，要非常努力的嘗試不要視你的夥伴為敵人，或反對你的人。

事實上，要努力不去視任何人和任何事物為敵人——甚或是個難題。要培養你看所有難題為機會的技巧，好讓你有機會去……

我知道，我知道——「做並且決定你真的是誰」。

對了！你有點懂了！你真的懂了！

但這樣聽起來像是個相當無趣的人生。

那麼你是將你的眼光放得太低了。擴大你地平線的範圍，擴展你眼界的深度，在你自己的內在看到比你以為可以看到的更多，並且也在你的夥伴裡看到更多。

藉由在別人身上看到比他顯示給你的更多，你絕不會傷害你的關係——或任何人。因為還有更多得多的在那裡，只不過是恐懼阻止他們將之顯示給你罷了。如果別人注意到你看到他們更多，他們就會覺得很安全的去讓你看你顯然已經看見的事物。

人們傾向於實現我們對他們的期望。

有點像這樣，但我不喜歡「期望」這個字，期望會毀掉關係。倒不如說，人們傾向於在自己身上看到我們看到的事物。我們的理想越大，他們願意去達到，並展示我們已讓他們看到的自己的那部分便越大。

所有真正有福的關係豈不都是這樣運作的嗎？這豈不是治療過程的一部分嗎？——藉著這過程，我們准許人們「放下」他們曾對自己持有的每個錯誤想法。

那豈不是我在這本書裡為你做的事嗎？

是的。

而那就是神的工作。靈魂的工作是喚醒你自己，神的工作是喚醒每一個人。

我們藉由看見別人如他們本是的樣子——藉由提醒他們「他們是誰」——做到這點。

你能以兩種方式做到這點——藉由提醒他們「他們是誰」（但這非常困難，因為他們不會相信你），或藉由記得「你是誰」（這容易得多，因為你並不需要他們的相信，只需要你自己的）。經常展現這點終究會提醒別人「他們是誰」，因為他們會在你身上看到他們自己。

許多大師曾被派到地球來展示永恆的真理，其他人，比如像施洗者約翰，就曾被派來做信使，以熾熱的言詞說出真理，以不可錯的明晰談到神。

這些特別的信使被賦予了殊勝的洞察力，以及非常特別的力量，去看見和接受永恆的真理，加上以群眾能了解的方式去溝通複雜觀念的能力。

你便是這樣的一個信使。

我是嗎？

是的。你相信嗎？

那是很難接受的一件事。我是說，我們所有的人都想做殊特的人——

……你們全都是特殊的……

……而且自我跑進來了——至少於我而言它跑進來了，並且試圖令我們覺得不知怎的「被選中」來做一件令人驚異的差事。我必須一直抵抗那個自我，力求淨化又再淨化我的每個思想、言語和行為，為的是排除掉個人的誇大。所以很難聆聽你說的話，因為我覺察到它諂媚我的自我，而終我一生我都在抵抗我的自我。

我知道你有，

而且有時候並不成功。

很懊惱我必須同意。

然而當觸及到神時，你永遠都在放下自我。很多個夜晚，你曾乞請和祈求明晰，懇求上天給你洞察力，為的並不是豐富你自己或在自己身上累積榮耀，卻是出自一個簡單的、明白的深刻單純的渴望。

是的。

並且你曾一而再的答應我，萬一我能讓你明白的話，你將用你的餘生——每個醒著的時刻——去與他人分享永恆的真理……並非出於獲得光榮的需要，而是出於你內心最深的願望，去終止別人的痛苦和受罪；去帶來喜悅和快樂，以及助力和療癒；去重新讓別人與你一向體驗到的與神的合一感連結。

是的，是的。

因此我選擇了你做我的信使，你和許多其他人。因為現在，在即刻的眼前，世界將需要許多號角來吹出清亮的召喚。世界將需要許多聲音，來說出百千萬人渴望的真理和療癒的話語。世界將需要許多心結合在一起，來做靈魂的工作，並且準備去做神的工作。

平心而論，你能說你沒覺察到這個嗎？

不能。

平心而論，你能否認這不是你來的原因嗎？

不能。

那麼，你是否已準備好，以這本書來決定並宣告你自己的永恆真理，並且宣布和清晰說明我的光榮？

我是否必須將這最後幾句對話也包含在本書裡？

你不必做任何事。記住，在我們的關係裡，你沒有義務，只有機會。這豈不是你等了一輩子的機會？你難道沒有從你青春的最初始，就奉獻自己給這任務，以及為它做適當的準備？

有的。

那麼，就別去做你有義務去做的事，去做你有機會去做的事。

至於，是否將所有這些放在我們的書裡，為什麼不呢？你以為我想要你去做一個秘密的信使嗎？

不，我想不會。

宣告自己為一個屬神的人（a man of God）需要很大的勇氣，你了解世界將會更有準備的去接受你為不論任何什麼其他的事物，但一個屬神的人？一個真正的信使？我每一位信使都受到褻瀆，離獲得榮耀還差得遠呢！他們除了心痛之外，什麼也沒得到。

你願意嗎？你的心是否渴望說出關於我的真理？你是否願意忍受你的人類同胞的恥笑？你是否準備好放棄世上的榮耀，為了使靈魂的更大榮耀得以完全的實現？

神，你使得這一切突然聽起來相當沉重呢！

你期望我跟你開玩笑嗎？

哦，我們可以稍微輕鬆一點嘛（lighten up）！

嘿，我舉雙手贊成輕鬆（enlightenment，譯注：此字本為「悟道」之義，但字面上看，亦可為「使之變輕」）！我們為什麼不以一個笑話來結束此章呢？

好主意。你有笑話嗎？

沒有，但你有。講那個關於小女孩畫畫的笑話……

哦，對的。那個啊，好吧。話說，有一天，一位媽媽走進廚房，發現她的小女孩在餐桌邊，蠟筆四散，深深沉迷在她創作的一張畫上。「啊，妳這麼忙著在畫些什麼呀？」媽媽問。「媽咪，是一張神的畫像呢！」美麗的女孩回答，眼睛發亮。「哦，蜜糖，妳好可愛啊，」媽媽試著想幫忙，說，「但妳知道，沒人真的知道神看起來像什麼樣子啊！」

「那樣啊，」小女孩吱喳的說，「只要妳能讓我畫完，妳就知道了……」

這是個美麗的小笑話。你知道最美的是什麼嗎？小女孩從沒懷疑過她就是知道如何畫我！

沒錯。

現在我也要告訴你一個故事，而我們就用它來結束此章吧！

好啊！

從前有一個人，他突然發現自己每週花幾個小時在寫一本書。日復一日，他很快的跑到紙和筆那兒去——有時候在半夜——以捕獲每個新靈感。終於，有人問他到底在搞什麼。

「哦，」他回答道，「我在寫下我和神的一篇非常長的對話。」

「那很可愛，」他的朋友順著他說，「但你知道，沒有一個人真正確知神會說什麼呀！」

「那樣嗎，」那人微笑道，「只要你能讓我寫完。」

9 走在覺察裡

你也許會認為「做你真正是誰」很容易，但這卻是你一生中所做的最具挑戰性的事。事實上，你可能永遠到不了那裡，很少有人做到，在一生裡做不到，甚至在很多生裡也做不到。

那又何必試呢？為什麼要淌這渾水？誰需要「做你真正是誰」？為什麼不就遊戲人生，讓人生是它本來很顯然的樣子——一個對「無意義」的簡單練習，並不導向任何特定的地方，一個無論你怎麼玩都不會輸的遊戲；一個終會帶給每一個人同樣結果的過程？你說沒有地獄，沒有懲罰，沒辦法會輸，那麼幹嘛要試圖去贏呢？既然要到你說我們試著到達的地方是那麼困難，又有什麼非去不可的動機呢？為什麼不慢條斯理的過日子，根本別管所有這神的玩意兒，和什麼「做你真正是誰」？

我的天，我們真的是充滿了挫折感，不是嗎？

是啊，我厭倦了一試、再試、三試，結果卻只落得現在你告訴我這檔子事有多難，而又說無論如何百萬人中只有一個能成功。

我明白你的心情。讓我看看我能否幫得上忙。首先，我要指出，你已經是「慢條斯理」的去做了。你以為這是你的第一次嘗試？

我完全不得而知。

你不覺得你似乎曾經在這兒過？

有時候會。

那好，我告訴你，你曾來過許多次。

很多次？

很多次。

你認為這樣說就能鼓勵我嗎？

應該是會鼓舞你。

怎麼會呢？

首先，這可以令你不再擔心，這帶來了你剛才談過的「無法失敗」的因素，並向你保證它的目的是讓你不會失敗。你將得到「你想要和需要的許多機會」，你可以回來，又回來，再回來。如果你真的到達下一步，如果你進化到下一個層次，那是由於你想要，並非由於你必須要。

你並不必須做任何事！如果你享受這個層次的生活，你可以一而再、再而三的有這個經驗！事實上，你已經再三的有過了——就正因為那個理由！你愛那戲劇，你愛那痛苦，你愛那「不知道」、那神秘、那懸疑！你愛所有那一切！那就是為什麼你在這兒的理由！

你在開我玩笑嗎？

像這樣的事，我會開你玩笑嗎？

我不知道，我不知神愛開什麼玩笑。

至少不是這種。這太接近真理；太接近終極的知曉了（ultimate knowing），我從不對「它是如何的」開玩笑。關於這些，已有太多人曾和你的頭腦玩遊戲了，我在這裡不是要讓你更加困惑，我在這裡是幫你澄清事情。

那就澄清呀！你是在告訴我，我在這裡是由於我想要在嗎？

當然是的。

是我選擇要這樣？

是的。

而我曾做過那選擇很多次？

許多次。

多少次？

又來了！你一定要一個精確的數字嗎？

就給我一個棒球場式的估計吧。我的意思是，我們談的是差不多一撮？或幾打？

幾百次。

幾百次？我曾活過幾百次？

是的。

而我只到了這麼遠嗎？

事實上，這已經是相當遠了。

哦，真的啊，是嗎？

絕對的。知道嗎，在前生你還真的殺過人呢！

那有什麼不對呢？你自己說過，戰爭有時候是終止邪惡所必要的。

我們會再詳談這點。我可以想見這個聲明如何被利用和誤用——正如你現在所做的——去試圖闡明各種觀點，或合理化各類的瘋狂。

就我觀察人類設計的最高標準而言，殺人絕對不能被合理化為表達憤怒、釋放敵意、「糾正錯誤」或處罰犯規者的一個方法。戰爭有時候是終止邪惡所必須的仍然是真的——因為你們令它如此。你們在創造自己時，你們已決定，尊重所有人類生命是——且必須是——一個非常基本的價值。我對你們的決定感到高興，因為我並不是創造生命好讓它可被毀滅。

就是尊重生命本身有時使戰爭成為必要，因為是透過對抗眼前就將發生的邪惡的戰爭，透過防禦對另一個生命即刻的威脅，你們做了一個與之相關的你是誰的聲明。

在最高的道德律之下，你有權——的確，在那律法之下你有義務——去制止對另一個人或你自己的攻擊。

但這並不意謂著，用殺人做為一種懲罰、報復或解決歧異的方法是適當的。

天啊！在你們的過去，你們曾為著一個女人的愛在決鬥中殺人，還稱之為保護你們的榮譽，事實上你們正在喪失所有的榮譽。用致命的力量做為解決爭論的辦法是荒謬的。至今，許多人甚至仍然在用強力——殺戮的力量——去解決可笑的爭端。

到了虛偽的最高峰，有些人甚至以神之名殺人——而那是最大的褻瀆，因為那麼做並沒說出你是誰。

哦，那麼，殺人的確是有點不對的囉？

讓我們倒回去。任何事情都沒有什麼「不對」。「不對」是個相對的說法，指出你所謂「對」的相反。

然而，什麼是「對」？你在這些事情上能夠真正的客觀嗎？還是你對事件和情況的「對」和「錯」判斷，其實是相當簡化的決定？

並且，請告訴我，是什麼形成了你決定的基礎？你自己的經驗？非也。在大多數例子裡，你決定了要接受另外一個人的決定。某人先你而來，而假設知道得更多。關於什麼是「對」和「錯」，你每天的決定很少由你所做，很少是建立在自己的了解上。

在重要的事情上這尤其是真的。事實上，事情越重要，你可能會越少傾聽自己的經驗，而你彷彿越準備拿另外一個人的想法來當作自己的。

這解釋了你為何實際上對人生的某些領域，以及在人類經驗內升起的某些問題放棄了完全的控制。

這些領域和問題往往包括了對你的靈魂最重要的主題：神的本質；真正道德的本質；終極實相的問題；圍繞著戰爭、醫藥、墮胎、安樂死、個人價值、結構和判斷的整個總和與內容的議題。這些你們大多數人都廢止、分派給了別人。你們不想對此做出自己的決定。

「叫別人決定！我跟著來！我跟著來！」你叫道，「請別人告訴我什麼是對與錯吧！」

附帶說一句，這就是為什麼人類的宗教會如此受歡迎的原因。信仰系統是什麼幾乎無關緊要，只要它是堅定、前後一致、對其附從者的期待既清楚又固執就行了。有了那些特徵，你就會發現有很多幾乎相信任何事物的人，最奇怪的行徑和信念都能被——曾被——賦予神。他們說，那是神的方式、神的話語。

因而有些人欣然接受了。因為，你明白嗎，這免除了思考的必要。

現在，讓我們想想殺戮。究竟有沒有可能給殺戮任何一個講得通的理由呢？想想看，你將發現，你不需要任何外在的權威來給你指示、更高的源頭來提供你答案，如果你思考一下，觀察一下你對它的感受，答案會很明顯，而你會照著它行動。這就是所謂的按照你自己的權威行事。

當你按照別人的權威行事時，你才會使自己陷入困境。國家應該用殺戮來達成政治目標嗎？宗教應該用殺戮來強行實施神學命令嗎？社會應該用殺戮來回應那些違反了行為準則的人嗎？

殺戮是否是一個適當的政治補救之道、靈性說服者或社會問題的解決者？

且說，如果某人試圖殺你，你是否就能殺他？你會不會用殺戮的力量去保衛你所愛的人的生命？或保衛一個你甚至不認識的人？

殺人是否是一個防禦被殺的適當方式？

在殺人和謀殺之間有沒有差異？

國家想要你相信，以殺戮來完成純粹政治性的議題，是理由正當的。事實上，國家需要你聽信這點，為的是能以一個權力實體（entity of power）的樣子存在。

宗教想要你相信，用殺戮以傳播和維持對他們特定真理的認識和附從，是理由正當的。事實上，宗教要求你聽信這點，為的是能存在為一個權力實體。

社會想要你相信，用殺戮以處罰那些犯某些罪（這些罪歷年來已有改變），是理由正當的。事實上，社會需要你聽信這點，以便存在為一個權力實體。

你相信這些立場是正確的嗎？你有沒有在那點上聽信別人的話？你自己有什麼話說？

這些事情並沒有「對」或「錯」。

但藉由你的決定，你能形塑出「你是誰」的肖像。的確，藉由這些決定，你們的國家已經畫出了這種畫像。藉由這些決定，你們的宗教已創造了恆久的、不可磨滅的印象。藉由這些決定，你們的社會也已製作了它的自畫像。

你對這些畫像感到愜意嗎？這些是你想造成的印象嗎？這些畫像代表了你是誰嗎？要小心這些問題，它們可能都需要你好好去思考。思考是很難的，做出價值判斷是很困難的，那會將你置於純粹創造的地位，因為有很多次你必須說：「我不知道，我真的不知道。」然而你仍然必須決定。因為你必須做選擇，你必須做一個武斷的選擇。

這樣一個選擇——從沒有先前的個人知識而生的決定，被稱為純粹創造。就是在做這種決定時，自己被創造出來。

你們大多數人對這麼重要的工作沒有興趣，你們大多數人寧願把決定留給其他人下，因而你們大多數人並非自我創造的，卻是習性的生物——別人創造的生物。

而如果當別人告訴你，你該感覺如何，但卻與你真正的感受正相反時——你就會經驗到一個很深的內在矛盾。在你內心深處的某事告訴你，別人曾告訴你的並非你是誰。那麼，現在你將何去何從呢？

你去的第一個地方是去找你的宗教人士——那個把你帶到矛盾裡的人。你去找你的神父、你的拉比、你的牧師和你的老師，而他們告訴你別去聆聽自己。他們中最壞的，會試圖嚇你不要去那樣做；嚇你離開你直覺知道的事物。

他們會告訴你關於魔鬼，關於撒旦，關於惡魔、邪靈、地獄、永罰，和他們能想起的每件嚇人的事，以便令你明白你所直覺知道和感覺的事物怎麼會是「錯」的，以及你將找到安適的唯一地方又為何會是在他們的思維、他們的想法、他們的神學、他們對「對」和「錯」的定義，以及他們對你是誰的觀念上。

你為了得到即刻的贊同，因而被誘導去同意他們，同意後你就擁有即刻的贊同。有些人甚至會又唱又叫又跳，並且搖擺他們的手臂高呼：「哈利路亞」！

當你感覺看到了光明，當你感覺被救贖，而如此的贊許，如此的歡欣時，那很難抗拒。贊許和歡欣很少伴隨著內在的決定，慶祝鮮少圍繞著順隨個人真理的抉擇。事實上正好相反，別人不但可能不慶祝，事實上他們還可能取笑你。什麼？你在自己用腦筋思考？你在自己做決定？你在應用你自己的量尺、你自己的判斷、你自己的價值？你到底以為你自己是誰啊？

而，事實上，那正是你在答覆的問題。

但是，這工作必須非常獨自的去做。非常的沒有回報、沒有贊許，甚至沒有任何人注意的情況下去做。

因而你問了一個非常好的問題。為何要繼續下去？甚至為什麼要開始走上這樣一條路？開始這樣一個旅途又能獲得什麼？動機在哪裡？理由何在？

理由是可笑的簡單。

因為沒有別的事可做。

你是什麼意思？

我的意思是，這是唯一的遊戲，沒有別的事可做。事實上，沒有別的事是你能做的，你終其餘生都得做你正在做的事——正如你自出生後一直在做的。唯一的問題是，你是在有意識的或無意識的做？

你明白嗎？你無法中止這旅程。你在出生前便開始上路了。你的出生只不過是旅程已開始的一個信號而已。

所以，問題是，為什麼開始這樣一個旅程？你已經開始了，你第一次心跳時就開始了。問題是我想有意識的或無意識的走這條路？要有覺察或缺乏覺察？做為我經驗的原因，或做為我經驗的結果？

你大半輩子都活在你經驗的結果裡，現在你被邀請成為其原因，那就是所謂的有意識的生活，那就是所謂的走在覺察裡。

如我曾說過，現在你們許多人都已經走了相當長的距離了，你們的進步不小，所以你不該覺得在經歷過這些人生後，你「只」達到今天這樣子。你們有些人已是高度進化的生靈，對自己有一種非常確定的感覺。你知道你是誰，而且你也知道你想要變成什麼，你甚至知道由這裡到那裡的方法。

那是個很了不起的徵兆，那是個明確的指標。

對什麼的指標？

指出你現在所餘的人生已很少了。

那樣是好的嗎？

是的，對你來說，那是好的是因為你認為它是好的。不久前你想做的只是留在這裡，現在你想做的是離開，所以那是個很好的徵兆。

不久之前你殺昆蟲、植物、樹木、動物、人……現在你無法不精確的知道你在做什麼和為什麼而殺，這是個非常好的徵兆。

不久之前你過著彷彿沒有目的的生活，現在你知道它是沒有目的的，除了你給予它目的，這是個非常好的徵兆。

不久之前你乞求宇宙帶給你真理，現在你告訴宇宙你的真理，而這是個非常好的徵兆。

不久前，你尋求名和利，現在你只尋求單純而奇妙的做你自己。

而不久之前，你懼怕我。現在你愛我，愛到足以稱我為你的同輩。

所有這些都是非常、非常好的徵兆。

哦，老天……你讓我好開心！

你應當開心。任何在話裡用到「老天」的人，都不會是太壞的。

你真的有幽默感耶，不是嗎……

是我發明了幽默的！

是的，你曾說過。好吧，因此，繼續下去的理由是沒有別的事情可做。這就是此地正在發生的事。

一點沒錯。

那麼，容我問你——至少生命會變得容易些吧？

哦，我親愛的朋友——對你而言，現在要比三生之前容易多了。我簡直沒辦法跟你說呢。

是的，是的——生命的確變得較容易。你憶起越多，你越有能力經驗，你也越明白，可以這麼說。而你越明白，你就憶起越多，這是個循環。所以，是的，生命越來越容易，越來越好，它變得甚至更喜悅。

但要記住，生命全都不能說是件苦役。我是指你要喜愛全部！每一分鐘！哦，這個所謂生命的東西是很可口的！它是個極好的經驗，不是嗎？

我想可以說是吧。

你想？我還能將它做得更好嗎？你不是被容許去體驗每一件事了嗎？那些眼淚、喜悅、痛苦、歡欣、狂喜、巨大的沮喪、贏、輸和平手？你還想要什麼更多的呢？

或許少一點痛吧！

少一點痛而沒有更多的智慧，破壞了你的目的，且不會讓你體驗無盡的喜悅——即我是什麼。

要有耐心，你正在增長智慧，而你的喜悅現在不需痛苦且越來越可得，這也是個非常好的徵兆。

你正在學習（憶起如何）沒有痛苦的愛；沒有痛苦的放下；沒有痛苦的創造；甚至沒有痛苦的哭泣；你甚至能沒有痛苦的度過你的痛苦，如果你明白我是什麼意思。

我想我知道，我甚至更享受我自己的人生戲劇了。我可以退一步，而看到它們的真實樣貌，甚至大笑。

一點沒錯。你不認為這可稱之為成長嗎？

我想我會稱之為成長。

那麼就繼續成長吧！我的兒子，繼續改變吧，並且繼續決定在你自己下一個最高的版本裡，你想要變成什麼，繼續朝那個方向努力。繼續！繼續！這是你和我在從事的神的工作，所以繼續呀！

10

我愛你，你知道嗎？

我愛你，你知道嗎？

我知道，而我也愛你。

11 「全都倒著來」是你們的一個癖性

我想再回到我先前提出的一些問題。在每個問題上，我都想問更多細節，光是談關係，我們就可以寫一整本書，但這樣的話，我可能永遠問不到其他的問題。

會有其他的時間、其他的地方，甚至其他的書，我與你同在。讓我們繼續下一個，如果有時間，我們會再談到它的。

好吧。那麼，我的下個問題是：我為何彷彿無法吸引到足夠的金錢？我的餘生是否注定了得省吃儉用？關於金錢，是什麼阻止了我去實現自己全部的潛能？

這情況不只你一個人有，許多許多人也都有。

每個人都告訴我，那是個自我價值（self-worth）的問題，我缺乏自我價值。曾有過上打的新時代老師告訴我，缺乏任何東西都永遠能追蹤到缺乏自我價值的問題上。

那是個方便的簡化。但在這個例子裡，你的老師們是錯的，你並沒有缺乏自我價值的問題。老實說，你一輩子最大的挑戰一向是控制你的自我，有人會說那是你的自我價值太多！

哦，這回我又很困窘和懊惱了，但你是對的。

每次我只不過說出關於你的實情，你就一直說你很困窘又懊惱。困窘是一個仍然對別人如何看他有著自我投資（ego investment）的人的反應。試著讓你自己超越那個，試試看新的反應，試試以笑取代吧。

好吧。

自我價值並非你的問題。你很幸運能擁有很豐富的自我價值，大多數人也都如此，你們全都自視甚高，如你本來應該的樣子。所以，對大多數的人而言，自我價值並不是個問題。

那什麼才是呢？

大多數人的問題是對富足的原則缺乏了解，連同對什麼是「善」及什麼是「惡」的巨大誤解。

讓我給你一個例子。

你時時懷著一個「金錢的是壞的」的想法，你也時時懷著「神是好的」的想法。祝福你！

請說。

所以，在你的思維系統裡，神和金錢不可相混。

嗯，我想以某個角度來說，這是真的，我就是這麼想的。

這使得事情很有趣，因為這隨之令你變得很難去為了任何好事而收費。

我是指如果你判斷一件事是非常「好」的，就金錢來說，你就覺得它的價值較少。所以，某樣東西「越好」（即越有價值），它值的錢就越少。

針對這點你並不孤單，你們整個社會都相信這點，所以你們的老師們薪水微薄，而你們的脫衣舞孃收入甚豐。和運動偶像比起來，你們的領袖賺得很少，以至於他們覺得必須貪污才能補足差額。你們的神父和拉比靠白麵包和水過活，同時你們卻將大把大把的銀子撒給娛樂界人士。

思考思考這點，每個你認為本身價值很高的事物，你卻堅持必須很便宜得到。研究一個愛滋病良方的科學家需到處乞求金錢，而同時寫一本談性愛的一百種新招的書且連帶著製作有聲和週末研習營的人卻財源滾滾！

這個「全都倒著來」是你們的一個癖性，而它來自錯誤的思想。

這錯誤的思想就是你們關於金錢的想法。你們愛錢，但你們卻又說它是萬惡之源。你們愛慕金錢，然而你們卻稱之為「臭錢」。你們說一個人是「飽聚孽財」，而如果一個人真的做「好」事而變得有錢了，你立刻對他會變得疑心起來。你把發財弄成是「錯誤」。

所以，一位醫生最好不要賺太多錢，不然就得學會謹慎些。而一位牧師——哇！她真的最好別賺太多錢（假設你們竟能讓一位「她」做牧師的話），不然肯定會有麻煩。

你明白嗎？在你們的想法裡，一個選擇最高職業的人應當得到最低的報酬……

嗯。

是的，「嗯」是對的。你應當思考一下，因為那些是多麼錯誤的想法。

我以為並沒有對或錯這種事。

是沒有，只有對你有益和對你無益的。「對」與「錯」是相對的說法，而當我偶然用它們時，我是以那種方式用的。在這個情形下，相對於什麼對你有益——相對於你說你想要什麼——你的金錢思想就是錯誤的思想。

記住，思想是有創造性的。所以如果你認為金錢是壞的，然而你認為自己是好的……那麼，你可以看出其矛盾。

現在你，我的兒子，尤其以很明顯的方式在演出這人類意識。對大多數人而言，衝突遠不及對你而言那麼巨大，大多數人做他們厭惡的事來謀生，所以他們不在乎因而接受金錢，這可以說，是「壞的」帶來「壞的」。但你愛你花費生命和時光所做的事，你愛你用以填塞時間的活動。

所以，對你而言，為你所做的事接受大量金錢，就你的思想系統而言，就是為了「好的」而取得「壞的」，而那是你不能接受的，你寧願餓死也不願為了純正的服務而收取「臭錢」……就好像不知怎的，如果你因此而接受了金錢，那服務便失去了純正。

因此，我們有了這關於金錢的真正矛盾感受，你的一部分排斥它，而你的另一部分又怨恨你沒錢。因此，宇宙不知道如何是好，因為宇宙從你這裡收到了兩種不同的想法，所以你與金錢有關的人生將會是一下停滯，一下猛衝的，因為你對金錢的態度是時鬆時緊的。

你沒有一個清晰的焦點；你並不真的確定什麼對你才是真的，而宇宙只不過是個大的影印機，簡單的製作許多你思想的副本。

所以，只有一個方法可以改變這一切，就是你必須改變自己有關金錢的思想。

我怎麼能改變我的思考方式？我對某事的想法就是我對某事的想法。我的思維、我的態度、我的想法，並非在一分鐘內創造出來的。我必須臆測，那是多年的經驗、一輩子的遭遇的結果。關於我對金錢的想法，你說得很好，但我怎麼改變呢？

這可能是本書中最有趣的問題。對大多數人而言，通常的創造方式是一個三步驟過程，包含了思想、言語和行為。

首先有思想，使之成形的想法，原始的觀點，然後有語言。大多數思想最終都自然形成了字眼，然後常常被寫下來或說出來，這給了思想額外的能量，將思想向外推進到世界裡，而讓其他人注意到。

最後，在有些例子裡，語言被付諸實行，而有你所謂的結果——一個全由思想開始的物質世界之顯現。

在你們人為世界裡圍繞著你的每樣東西，都以這方式——或有一些變奏——進入存在，都用到了這三個創造中心。

但現在問題來了：如何改變一個發起思維（Sponsoring Thought）？

是的，那是個非常好的問題，而且很重要。因為如果人們不改變他們的一些發起思維，人類可能會讓自己滅種。

改變一個根本思想或發起思維的最快速方式，就是逆轉思—言—行的過程。

請解釋。

有什麼新想法就去做，有什麼新想法就去說。這樣做久了之後，你便能訓練頭腦以一種新方式來思想。

訓練頭腦？那豈不像是洗腦嗎？那不正是操縱心神嗎？

對於你的頭腦是如何產生現有的思維，你有任何概念嗎？你難道不明白，是世界在操縱你的頭腦去想你所想？讓你自己操縱你的頭腦，難道不比讓世界操縱你的頭腦要好得多嗎？去想你想要的思想，比去想別人的思想，對你而言不是幸運得多了嗎？以創造性思想武裝你自己，不是比以反動思想要好嗎？

然而你的頭腦充滿了反動思想——由別人的經驗躍出的思想，你很少有躍自「自製的資料」思想，更別說躍自「自製的偏愛」思想了。

你對金錢的根本想法就是個重要的例子。你對金錢的思想（金錢是壞的）與你的經驗（有錢真好）恰恰相反。所以關於你的經驗，你必須繞圈子和對自己說謊，以便合理化你的根本思想。

這個思想是如此根深柢固，以致你從沒想到，你對於金錢的想法可能不正確。

所以現在我們要做的，是想出一些自製的資料，那才是一個我們能夠改變根本思想的法子，並且讓它是你的根本思想，而非別人的。

附帶一句，關於金錢，你還有一個我尚未提及的根本思想。

那是什麼？

那就是，沒有足夠的東西。事實上，幾乎對每樣東西你都有這個根本思想：沒有足夠的錢，沒有足夠的時間，沒有足夠的愛，沒有足夠的食物、飲水、世上的同情心……不論有什麼好東西，總是不夠。

這「不夠」的人類意識創造又再創造你所看到的世界。

好吧，那麼關於金錢我有兩個該改的根本思想——發起思維。

哦，至少兩個，也許還更多。讓我們看看……金錢是壞的……金錢是稀少的……不可以因為做神的工作而接受金錢（那對你是個重要思想）……金錢從沒被慷慨的給予……金錢不會長在樹上（而事實上，它真的會）……金錢令人墮落……

看來我有一大堆功課得做！

是的，如果你不喜歡你目前的金錢狀況的話，而你的確是如此。但從另一方面來說，你對自己目前的金錢狀況不滿意，是因為你對目前的金錢狀況不滿意，去了解這點非常重要。

有時候很難聽懂你的話！

有時候很難開導你。

嘿，你是神耶！為什麼你不能讓你的話較容易被理解？

我是使它很容易被理解了啊！

那你為什麼不就好好讓我了解，如果這是你真正想要的？

我真正想要和你真正想要的事物——沒有任何不同，也沒有更多的事物。你不明白那是我給你的最大禮物嗎？如果我想要給你的，不是你自己想要的，然後又做得那麼過火以致讓你擁有它，你的自由選擇何在呢？如果我在主控你該是什麼、做什麼和有什麼，你怎能是一個有創造力的人？我的喜悅是在你的自由，而非你的服從。

好吧，你說我對目前的金錢狀況不滿意，是因為我對自己目前的金錢狀況不滿意，是什麼意思？

你是你認為的事物。當思想是負面時，就是一個惡性循環，你必須找到方法去打破那循環。

你目前的經驗多是建立在你先前的思想上。思想導致經驗，經驗又導致思想，思想又導致經驗。當「發起思維」為喜悅時，就能產生經常不斷的喜悅。當「發起思維」如地獄般時，它也就能確實產生繼續不斷的地獄。

巧妙乃在改變「發起思維」，我會描述該如何做到那一點。

請吧。

謝謝你。

第一件要做的事，是逆轉思——言——行的範型。你記不記得一句老格言：「三思而後行」？

記得。

那麼，忘了它。如果你想改變一個根本思想，你必須先行而後思。

例如，你正走在街上，碰見一個老婦在乞討。你了解她是個流浪者，過著過一天算一天的日子。但你立刻又想到，雖然你錢很少，但顯然有足夠的可分給她。你的第一個衝動是給她一些零錢，你甚至有個部分準備伸手到口袋裡去拿些紙幣——一元，甚至五元。管它呢，讓她有驚喜的片刻吧，讓她開心吧！

然而，思想進來了。什麼，你瘋了嗎？我們只有七塊錢撐過這一天！你想給她一張五元？因此你開始四處摸索，找那張一元的。

思想又來了：嘿，嘿，且慢。你並沒有那麼多鈔票能讓你做散財童子啊！看在老天份上，給她一些銅板，讓我們趕快走開吧！

你很迅速的伸手到另一個口袋，試圖拿出幾個硬幣。你的手指只摸到五分和一毛的硬幣。你覺得很窘。瞧瞧你，吃飽穿暖的，而你竟想給這一無所有的貧苦婦人五分和一毛的零錢。

你想找一或兩個兩毛五的硬幣，卻找不到。哦，在你口袋的深褶裡有一個。但到現在你已無力的笑著走過她身邊了，而走回頭已太遲了。她什麼都沒得到，你也什麼都沒得到，沒享受到認識你的富足和分享之樂，你現在反而覺得和那婦人一樣窮。

你為什麼不就給她那紙幣算了！那是你的第一個衝動，但思想阻擋了你。

下一次，就先行動再思想。給她錢，去做啊！你有那鈔票，而從它所來之處還有更多的錢，這是分隔你和那流浪婦人的唯一思想。你很清楚從你得到錢的地方還會來更多的錢，而她卻不知道。

當你想要改變一個根本思想時，按照你有的新想法行事。但你必須趕快行動，不然在你知道之前，頭腦便會殺掉那想法我是說真的。在你有機會知道之前，那想法、那新的真實便會死了。

所以，當機會升起時，趕快行動，而如果你能夠常這樣做，你的頭腦很快便明白了，那想法將是你的新思想。

哦，我剛想到一件事！新思潮運動（New Thought Movement）是不是就是那個意思呢？

如果不是的話，也應該是。新思想是你唯一的機會。它是你唯一真正的機會去進化、去成長、去真的變成你真正是誰。

你的腦子現在充滿了舊思想。不只是舊思想，而且還大半是別人的舊思想。現在是時候了，現在去改變你對於某件事的想法是很重要的，這就是進化的全部。

12 去吧，去做你真正愛做的！別的都不要做！

我為何不能做我此生真正想做的事而仍能謀生呢？

什麼？你是說你真的想要你的人生有樂趣，而仍舊賺到可以過活的錢？老兄，你在做夢！

什麼——

開玩笑罷了——只不過在玩玩讀心術而已。你明白嗎，這一直是你的觀點。

那是我的經驗。

是的，但是我們已經講過好幾次了。做他們愛做的事而能賴以維生的人，是那些堅持這麼做的人，他們不放棄，他們從來不投降，他們向生命挑戰，看生命敢不敢不讓他們做他們愛做的事。

但，還有另一個因素必須點出來，因為談到終身志業時，這是大多數人的理解裡都錯失的因素。

那是什麼？

在存在（being）和做事（doing）之間有一個區別，而大多數人將他們的重點放在後者上。

難道不應該這樣嗎？

並沒有涉及「應該」或「不應該」，只有你選擇什麼，以及你如何能得到。如果你選擇平安、喜悅和愛，經由你所做的事，你不會得到很多。如果你選擇快樂和滿足，在做的路徑（path of doingness），你將找到很少。如果你選擇與神合一，超絕的知曉、深刻的了解、無限的慈悲、完全的覺察、絕對的完成，由你正在做的事上，你不會達成很多。

換言之，如果你選擇進化——你靈魂的進化——你也無法藉由身體的世俗活動而產生。

「做事」是身體的一個機能，「存在」是靈魂的一個機能。身體永遠在做某件事，每天的每一分鐘它都在從事某件事。它從不停止，它從不休息，它經常在做某件事。

身體要不就是在做靈魂吩咐它去做的事，要不就在做違反靈魂吩咐的事；你生命的品質便危險的懸於其間。

靈魂永遠就是「存在」，靈魂是（being）它之所是，不論身體在做什麼，也不因為身體在做什麼。

如果你認為你的人生就是關於「做事」，你便不了解自己所為何來。

你的靈魂不在乎你做什麼維生——而當你的人生結束時，你也不會在意。你的靈魂只在乎，不論你在做什麼時你是什麼。

靈魂追求的是一種「存在」的狀態，而非一種「做事」的狀態。

靈魂在尋求做什麼？

我。

你？

是的，我。你的靈魂是我，而它知道這點。靈魂在做的，是試圖經驗這點，而它所記得的是，要有這個經驗最好辦法是經由什麼都不做。除了「是」之外沒有一事可做。

「是」是什麼？

你想要是的不論：快樂的、悲傷的、軟弱的、堅強的、喜悅的、報復心重的、有洞察力的、盲目的、好的、壞的、男的、女的什麼，隨你挑。

我真的是那個意思，隨你挑。

這全都非常深奧，但這與我的事業又有什麼關係呢？我正在設法活著，活下去，養活我自己和家人，做我喜歡做的事。

試試看「是」你喜歡「是」的樣子。

你是什麼意思呢？

有些人做事，賺了大錢，別的人卻做不起來——而他們是在做同樣的事。區別在哪？

有些人比其他人更有技藝。

這是一種可能的篩選，但現在我們來篩第二次。現在我們只剩下兩個擁有差不多相等技藝的人，兩人都大學畢業，在班上都名列前茅，都了解他們在做的事，都知道如何非常純熟的用他們的工具——然而其一仍比另一個做得好；一個鴻圖大展，同時另一個卻在掙扎求生。那是怎麼回事？

地點。

地點？

有人曾告訴我說，在開始一項新事業時，只有三件事得考慮——地點、地點，還是地點。

換言之，不是「你要做什麼」而是「你要在哪裡做」囉？

一點沒錯。

那聽起來也像是對我的問題的答案。靈魂只關心你要在哪。

你要在一個叫作恐懼的地方，或一個叫作愛的地方？當你接觸人生時，你在哪——並且你從哪來？

現在，在兩個同樣夠格的工作者的例子裡，其一很成功，而另一個則否，並不是由於他們任一人在做什麼，卻是由於他們兩人「是」什麼。

其中一個人在她的工作裡是開放的、友善的、關懷的、愛助人的、體貼的、愉快的、有自信的，甚至喜悅的；而另一人卻是封閉的、冷漠的、不關心的、不體貼的、乖戾的，甚至憎恨她在做的事。

現在假設你要選擇甚至更高超的存在狀態，假設你選擇了善良、同情、慈悲、了解、寬恕和愛，萬一你選擇了像神似的，那時你的經驗會是什麼？

我告訴你：

「是」吸引「是」，而產生經驗。

你在這星球上並不是要以你的身體生產任何東西，你在這個星球上是要以你的靈魂生產一些東西。你的身體只不過單純的是你靈魂的工具，你的頭腦是令身體做事的力量。所以，你擁有一個有力的工具，去創造靈魂之所欲。

靈魂之所欲是什麼？

沒錯，是什麼？

我不知道，我在問你。

我也不知道，是我在問你。

這可以永遠繼續下去。

它已經是了。

等一下！我記得之前你曾說靈魂在尋求的是你。

那麼就是這樣。

那麼，那就是靈魂之所欲。

以最廣的說法，是的。但靈魂尋求的這個我，非常複雜、非常多重次元、多種感覺、多重面向，我有一百萬、十億、一兆個面向。你明白嗎？有污穢的、有深奧的、較小的和較大的、空洞的和神聖的、可怖的和似神的。你明白嗎？

是的，是的，我明白……上和下，左和右、這裡和那裡、之前和之後、好和壞……

一點沒錯，我是起點和終點。那並非只是一句很美的話，或一個俏皮的觀點，那是表達出來的真理。

所以，在尋求是我的當下，靈魂有個宏大的工作：一個可自其中挑選的龐大「是」的菜單，而這正是它現在這一瞬間在做的事。

選擇存在的狀態。

是的——然後產生正確而完美的條件，在其中創造對那存在狀態的經驗。所以，真實的事是，沒有一件發生在你身上或經由你發生的事，不是為了你自己的最高目的。

你是指我的靈魂正在創造我所有的經驗，不只包括我在做的事，而且包括發生在我身上的事？

我們不如說，是靈魂引領你到正確而完美的機會，使你正經驗到你計畫去經驗的東西。你實際上經驗到什麼得看你。它可以是你計畫要經驗的，也可以是另一件什麼事，要看你選擇什麼。

我為什麼要選擇我不想經驗的事？

我不知道你為什麼要這樣做。

你是指有時候靈魂希望一事，而身體或頭腦希望另一事？

你認為呢？

但身體或頭腦怎麼可以壓制靈魂呢？靈魂難道不總是得到自己要的嗎？

這麼說吧，你的靈魂尋求這崇高的一刻：當你有意識的覺察到靈魂的願望，而滿懷喜悅的與之合一。但靈魂從不會、永遠不會強加自己的欲望到你目前有意識的肉身上。

父不會強加他的意志在子身上，這樣做違反了他的本性，故此，老實說，是不可能的。

子不會強加他的意志在聖靈上，這樣做違反了他的本性，故此，老實說，是不可能的。

聖靈不會強加他的意志在你的靈魂上，這樣做不合聖靈的本性，故此，老實說，也是不可能的。

所有的「不可能性」終止於此。往往頭腦真的尋求強加其意志於身體上——而且也這樣做了。同樣的，身體往往尋求控制頭腦——並且常常成功。

然而，身與心一起並不需要做任何事去控制靈魂——因為靈魂是全然沒有「需要」的（不像身和心都為「需要」所羈絆），因而容許身和心一直照自己的意思而行。

的確，靈魂根本不要別的方式——因為如果你這個實體想要創造，因而知道你真的是誰的話，你必須經由一個有意識的意志行動，而非一個無意識的服從行動。

服從並非創造，因此永遠不能產生救贖。

服從是個反應，同時創造卻是純粹的選擇，沒被控制，沒被要求。

經由現在這瞬間最高概念之純粹創造，純粹選擇乃產生救贖。

靈魂的機能是指明其欲望，並非強加其欲望。

頭腦的機能是由其選擇的餘地中選擇。

身體的機能是表現出那選擇。

當身、心和靈在和諧與統一中一同創造時，神成肉身。

於是，靈魂真的在自己的經驗中認識它自己。

於是，天堂真的歡欣鼓舞。

現在，在這一刻，你的靈魂又創造了機會讓你去是、做，並且擁有認識你真的是誰所需的東西。

靈魂帶你到你現在正在讀的字句——正如它以前曾帶你到智慧和真理的字句。

你現在要做什麼？你選擇要是什麼？

你的靈魂滿懷興趣等著、看著，一如以往做過許多次一樣。

你是不是說，我世俗的成功（在此我們試著談論我的事業）將決定於我選擇的「是」的狀態。

我並不關心你世俗的成功，只有你關心。

的確沒錯，當你很長的一段時間都處在某種存在狀態時，你在世上所做的事很難不成功。然而你不需要擔心「維持生活」（making a living），真正的大師們是那些選擇去創造人生，而非維持生活（make a life, rather than a living）的人。

從某種存在狀態你會躍出一個如此豐富、圓滿、宏偉，而且如此有益的人生，以致世俗的物品和世俗的成功將不再為你所關心了。

人生的諷刺是，一旦世俗的物品和世俗的成功不再為你所關心，它們流向你的路便打開了。

記住，你無法擁有你想要（want）的東西，但你可以經驗你有（have）的不論什麼東西。

我無法擁有我想要的東西？

不能。

在我們對話的初期，你說過這點。但，我仍然不了解。我以為你曾告訴過我，我可以有不論什麼我想要的東西。就像「如你所想，如你所信，就會給你成就」一類的話。

這兩個聲明彼此並無不一致之處。

真的嗎？對我來說，它們顯然像是不一致。

那是由於你缺乏了解。

哦，我承認我缺乏了解，那就是我為什麼跟你談話的原因。

那麼我會解釋。你無法擁有任何你要的東西。光是要某樣東西的行為本身，就將它推離你了，如我在（上冊）第一章裡說過的。

嗯，你可能先前說過，但你讓我跟不上了——太快了。

努力跟上來，我將更詳盡的再講一遍。試著跟上來，讓我們回到你的確了解的一點：思想是創造性的。好嗎？

好的。

語言是創造性的，懂嗎？

懂了。

行為是創造性的。思想、言語和行為是創造的三個層次。你跟上了嗎？

就在你身邊。

很好。現在讓我們暫且拿「世俗的成功」做我們的主題，既然那是你一直在講和問的事。

太好了。

現在，你有沒有「我想要（want）世俗的成功。」這個思想？

有時候有。

有時候你是否也有「我想要更多錢」的思想？

有的。

所以你既不能有世俗的成功，也不能有更多錢。

為什麼不能？

因為除了帶給你你所想的東西之直接顯現之外，宇宙別無選擇。你的思想是「我想要世俗的成功」。但你了解，創造的力量就像個在瓶子裡的神仙。你的言語就是它的命令。你了解嗎？

那麼，為什麼我沒有更多的成功？

我說，你的言語是命令。現在你的言語是：「我想要成功。」而宇宙說：「好的，你是那樣。」

我仍然不確定我懂。

這樣想吧，「我」這個字是發動創造引擎的鑰匙，「我是」這話是極端有力的，那是對宇宙的聲明、命令。

現在，跟在「我」（它召來偉大的我是）字後面的不論什麼，往往會顯現在物質世界裡。所以，「我」＋「想要（want）成功」產生出你缺乏（wanting）成功。「我」＋「想要錢」必然產生出你缺乏（wanting）錢。它無法產生其他東西，因為思想、語言是創造性的，行為也是，而如果你的行為說你想要成功和金錢，那麼，你的思想、言語和行為是一致的，而你一定會有這些「缺乏」的經驗。

你明白嗎？

是的！我的天——真的是那樣作用的嗎？

當然！你是個非常有力量的創造者。現在且承認，如果你有個思想，或做個聲明，只一次——比如在氣憤或挫敗中，你不太可能會將那些思想或語言轉成現實，所以你不必擔心像

「給我去死」「下地獄」，或其他你有時候想或說的不是那麼好的事。

謝天謝地。

不客氣。但如果你一而再的重複一個思想，或說一個字——不只一次，不只兩次，卻是幾十次、幾百次、幾千次——你想像得到它的創造力量嗎？

一個思想或一個字表達、表達再表達，變成了正是那樣——被表達了，也就是說，推出來了，變成外在的實現了，變成了你的物質實相。

好慘！

這正是它常常產生的東西——好慘。你愛那淒慘，你愛那戲劇，直到你不再愛為止。在你的進化裡會達到某一點，當你不再愛那戲劇，不再愛你一直活在其中的「故事」，就在那時，你決定——主動選擇——去改變。只不過大多數人不知如何改變，你現在知道了。要改變你的實相，只不過是停止繼續那樣想。

在這個例子裡，別去想「我想要成功」，而以「我有成功」來取代。

這對我來說，聽來像句謊言，如果我說那句話，我會是在開自己玩笑。我的頭腦會大叫：「你胡說！」

那就想一個你能接受的思想。「我的成功現在正在到來，」或「所有的事都導向我的成功。」

原來這就是新時代肯定詞（affirmation）練習背後的訣竅。

如果肯定詞只是你想要實現之事的聲明，那它不會發生作用。只有當肯定詞是你已知為真之事的聲明時，肯定詞才有用。

所謂最好的肯定詞，則是感激和謝恩的聲明。「神，謝謝你在我的人生中帶來成功。」這個來自真正知曉的念頭被想、被說出來並且據以行事，產生了神奇的結果，這並非由企圖導致的結果，而是覺知引發結果出現。

耶穌有這種明見。在每個奇蹟之前，他都先為其交付而預先謝過我。他從沒想到不要感激，因為他從沒想到他所宣告的事不會發生，那樣的思維從未進入他的腦海。

他對他是誰，以及他與我的關係是如此肯定，以致他的每個思想、言語和行為都反映他的覺察——正如你的思想、言語和行為反映你的……

現在，如果有什麼事是你選擇了在人生中去經驗，別只「想要」它——要選擇它。

你是否想選擇世俗說法的成功？你是否選擇更多錢？很好，那麼就選擇。真的、完全的，而非不熱心的。

然而，在你的發展階段，如果「世俗的成功」不再令你關切，也不必驚訝。

那是什麼意思？

在每個靈魂的進化裡，會有這麼一個時機：當主要的關切不再是肉身的存活，而是心靈的成長；不再是獲致世俗的成功，而是自己的實現。

換個角度說，這是個非常危險的時候，尤其是在一開始，因為居於肉身內的實體，現在知道它正是一個在身體裡的存在——而非是一個身體的存在。

在這階段，當成長中的實體在這個觀點上成熟之前，往往有種不再關心任何身體事情的感覺。靈魂是如此興奮它終於被「發現了」！

頭腦捨棄了身體，以及所有與身體有關的事。每件事都被忽略了，關係被擱置一旁，家庭消失了，工作變成次要，帳單忘了付，身體本身甚至很長一段時間沒吃飯，這實體的整個焦點和注意力，現在是在靈魂及與靈魂有關的事上。

在日常生活上，這可能導致一個很大的個人危機，雖然頭腦感知不到創傷，頭腦在至福的感覺中流連，別人卻會說你喪失了頭腦——而以某種說法來看，你可能是的。

發現生命和身體毫無關係，可能創造出另一方面的不平衡。雖然一開始實體的行為是——彷彿身體是所有的一切，現在它的行為卻像是身體根本不重要。當然，這並不是真的——如果實體很快的（並且有時候痛苦的）憶起來的話。

你是個三部分的存在（tri-part being），由身、心和靈構成。你將永遠是個三部分的存在，不只是活在地球上時。

有人認為死亡時，身和心都被丟掉了。其實身和心並沒被丟掉，是身體改變了形式，留在後面它密度最大的部分，但永遠保留著外殼。心智（不可與大腦混淆）也仍與你同行，加入靈和身，成為一個三次元或三面的能量團。

若你選擇回到你稱為「在地球上的生命」這個體驗機會，你的神聖的自己，將再度分開其真實的次元，成為你所謂的身、心和靈。事實上，你們全是一個能量，卻有三個分別的特徵。

當你開始住進一個在地球上的新肉身時，你的以太體（ethereal body）（如你們有些人稱的）降低了其振動頻率——將自己由快速振動得無法被人看見的頻率中減慢到能產生質量和物質的速度。這實在的物質是純粹的思想創造——你的心智，你三部分存在的較高心智面——的作品。

這物質是億萬種不同的能量單位凝結成一個龐然的巨塊——由心智控制……你真的是一個大智之人（master mind，運籌帷幄之人，譯注：神又在說雙關語）！

當這些微小的能量單位擴展了能量後，就被身體拋棄，同時心智又創造出新的來。心智不斷從關於你是誰的思想中創造出這個來！可以說，是以太體「捕獲」那思想，然後降低更多能量單位的振動率（或說「結晶化」能量）變成物質——你的新物質。以這方式，你身體的每個細胞每幾年就會改變一次。相當實在的，你不是你幾年之前的同一個人。

如果你產生了有病的或不適的思想（或連續的憤怒、憎恨和負面想法），你的身體會將這些思想轉譯成物質形式。人們將看見這負面的、病態的形體，他們會問：「你出了什麼毛病？（What's the matter?）」但他們不會知道，他們的問題是多麼的精確（譯注：matter這個字本為物質，也有毛病、困難之意）。

年復一年、月復一月、日復一日，靈魂看著這整齣戲的演出，而永遠執持有關你的真理。靈魂永不忘記那藍圖、那原始計畫、那第一個想法、那具創意的思維。靈魂的任務是提醒（remind）你——就是說，真的重新思考（re-mind）你——因此你可以再度憶起你是誰，然後選擇你現在希望是誰。

以這方式，創造和經驗、想像和成功，會以未知的循環繼續下去，現在，並且直至永遠。

哎唷！

是的，正是那樣，哦，還有很多要解釋。非常多，以致永遠無法在一本書裡，或許在一生裡也不可能解釋得完。然而你已開始了，這很好。只要記得這點，就如你們偉大的老師莎士比亞說的：「在這天地之間有許多事情是你們的哲學所不能解釋的。」

我可否問你一些與這有關的問題？比如，當你說死後我的心智與我一起走，那是否意指我的「人格」與我一起走？在死後我會知道我曾是誰嗎？

會的……以及你所曾是的每一世，都將全部對你開放——因為那時，知道對你有利。現在，在這一刻，則不會。

還有，有關此生會有一個「算帳」，一個回顧嗎？

在你所謂的死後，並沒有審判，你甚至不被允許去判斷你自己（因為，基於在此生你是如何的對自己批判和不原諒，你一定會給自己很低的分數）。

不，沒有算帳這回事，沒人做出贊成或反對的手勢。只有人類是愛批判的，因為你們是，所以你們假設我必然是，然而我並不——而那是個你們無法接受的偉大事實。

無論如何，雖然在死後沒有審判，你卻有機會再看看你在這世所有的思想、言語和行為，而決定那是否是你想再選擇的：你是誰，以及你想要是誰。

有一種圍繞著所謂欲界（Kama Loca）教義的東方神秘教誨——按照這教誨，在我們死亡時，每個人都被給予機會去重新經驗每個你曾思考過的想法、每句你說過的話、每個你採取過的行動，並非由我們的立場，卻是從每個其他受影響的人的立場。換言之，我們已經經驗到我們以前在思、言和行時我們的感受——現在我們被給予這經驗去感受在每個這些時刻裡，別人的感受——而藉由這個方法，我們將決定是否要再思、言或行那些事。對這點你有什麼意見嗎？

在此生之後會發生的事太殊勝了，所以無法以你們能理解的說法在此描述——因為那經驗是異次元的（Other-dimensional），而用被嚴重局限的字眼來描寫是根本不可能的。我只能說，你們將有機會沒有痛苦、恐懼或批判的去回顧你目前的人生，好讓你在此生的經驗感受中決定你想要去哪。

你們許多人會決定回到這兒來；回到這個有密度和相對性的世界，以便有另一次機會去經驗，在這層面是你對自己所做的決定和選擇。

而有些人——少數被選的——則將帶著一個不同的任務回來。他們回到這有密度和物質的世界，只為了帶其他靈魂離開這有密度和物質的世界。在地球上，在你們中間，永遠有這樣的人，你可以立刻分辨出他們，他們的工作已結束，他們回到地球來只為幫助他人，這是他們的喜悅，這是他們的狂喜。他們不求別的，只求服務他人。

你無法錯過這些人，他們無所不在，他們比你想的還要多，你很可能就認識一個。

我是其一嗎？

不是，如果你得問，你便知道你不是。像這樣的人是不問任何人問題的，沒有事可問。你，我的兒子，在此生是個信使，一個先驅，一個帶來訊息的人，一個真理的追求者，且常是真理的講述者。就這一輩子而言已夠了，快樂些吧。

哦，我很快樂，但我永遠希望能更多！

對！你會！你永遠會希望更多，那是你的天性。尋求「更多」是一個神聖天性。去追求吧，確定的去追求。

現在我想明確的回答你，在這章一開始提出的問題。

去吧，去做你真正愛做的，別的都不要做！你的時間這麼少。你怎麼還能想到去浪費一分鐘做某些你不喜歡做的事來謀生呢？那種生活是什麼啊？那不是生活，那是垂死（dying）！

如果你說：「但，但是……我需要照顧一些依靠我的人……嗷嗷待哺的小嘴……一個依賴我的妻子……」那我會回答：如果你堅持你的人生就只意謂著你的身體所做的事，那你就是不了解你為何到這兒來。去做些令你愉快的事吧——說明你是誰的事。

還有，至少不再對那些你認為阻礙了你得到喜悅的人懷恨和生氣。

不要輕視你身體正在做的事，它是重要的，但卻不是你想的那樣。身體的行動本意是反映一種存在狀態，而非企圖去達到一種存在狀態。

在事情真正的秩序裡，一個人並不為了要快樂而做某件事——而是一個人是快樂的，所以做某件事。一個人並不為了有慈悲心而做某件事，而是一個人是慈悲的，所以他以某種方式行事。就一個有高度意識的人而言，靈魂的決定先於身體的行動。只有無意識的人，才企圖經由身體在做的事來產生一種靈魂的狀態。

這就是「你的人生並不意謂著你的身體所做的事」這個聲明的意思。然而，你的身體所做的事，卻真實的反映了你的人生為何。

這是另一個神聖的二分法。

然而，如果你其他什麼都不了解，至少也要了解這點：

你有喜悅的權利；不論有沒有孩子，有沒有配偶。追求它！找到它！而你會有一個喜悅的家庭，不論你賺多少錢或沒賺多少錢。而如果他們不喜悅，他們起身離開你，那麼，以愛釋放他們，讓他們去尋求他們的喜悅。

在另一方面來說，如果你已進化到身體的事情不再令你關心，那麼你甚至可以更自由的去追求你的喜悅——在地上如同在天上。神說快樂是好的——是的，你甚至在工作上也能感到快樂。

你的終身志業是關於你是誰的聲明。如果不是，那麼你為什麼要做？

你是否認為你必須去做？

你不必須做任何事。

如果「一個男人應該不計一切，甚至他本身的快樂，也要去維持他的家庭」是你是誰的話，那麼就愛你的工作，因為它有助於你創造一個對自己的活生生的聲明。

如果「一個女人做她所恨的工作，為的是要負起她認為的責任」是妳是誰的話，那麼就愛、愛、愛妳的工作，因為它全然的支持妳的自我形象、妳的自我觀點。

一旦人能了解他為誰在做什麼，及為何理由，每個人都能愛每件事。

沒有一個人做的事是他不想做的事。

13 所有的疾病都是先在心智上創造的

我所曾經歷的慢性病已夠三輩子受的了，這一生我為什麼會有這些問題？我如何解決一些健康上的問題？

首先，讓我們說老實話，是你愛生病。無論如何，你愛疾病的大部分。你曾值得佩服的利用疾病來可憐你自己，並且得到了別人的注意。

在少數你不愛疾病的場合，那只因為疾病變得太過分了。比當你創造出疾病來時，你所曾想像的還要過分多了。

現在，讓我們了解你可能已經明白的：所有的疾病全是自我創造的，甚至傳統的醫生現在也看得出，人們是如何的在讓自己生病。

大多數人相當無意識的這麼做（他們甚至不知道他們在做什麼）。所以，當他們得了病時，他們不知道他們被什麼擊中。感覺上像是某事發生在他們身上，而非他們對自己做了某事。

這是因為，大多數人都是無意識的度過一生——不僅只是這健康上的議題及後果。

人類吸菸，卻奇怪自己為何會得癌症。

人類攝取動物和肥肉，卻奇怪自己為什麼會得血管堵塞。

人類一輩子都在生氣，還奇怪他們為何得到了心臟病。

人類彼此競爭——無情的，並且在不可置信的壓力下——卻奇怪他們為什麼會中風。

而那不怎麼明顯的真相是，大多數的人讓自己擔憂致死。

擔憂幾乎可說是最糟方式的精神活動——僅次於恨，恨非常具有自我毀滅性。擔憂是無意義的，是被浪費的精神能量。擔憂也創造出傷害身體的生化反應，產生從消化不良到心肌梗塞，以及兩者之間的種種不健康情形。

當憂慮停止時，健康幾乎會立即改進。

憂慮是因為人不了解他與我有連結而產生的一種心智活動。

憎恨是傷害最嚴重的精神狀況，它毒害身體，而其效果真的是無法逆轉的。

恐懼是你所是的一切的反面，因而對你的精神和身體健康有反面效果。恐懼是放大了的憂慮。

憂慮、憎恨、恐懼——和它們的分支：焦慮、怨恨、不耐、貪欲、不厚道、批判和譴責一起——全都在細胞層面攻擊身體。在這些情況下，不可能有一個健康的身體。

同樣的——即使是較小的程度——自大、自戀和貪婪，也會導致身體的疾患或不安適。

所有的疾病都是先在心智上創造的。

那怎麼可能？從別人那兒傳染來的情況又怎麼說呢？傷風——或者愛滋病？

你生命中發生的每件事，都是從思想開始的，無一不是。思想就如磁鐵，將效應吸引到你身上。思想也許不總是那麼明顯、清楚的表明原因，不會是「我要傳染一個可怕的病。」思想也許是（並且通常是）比這微妙得多，如「我不配活下去。」「我的人生總是一塌糊塗。」「我是個失敗者。」「神將要懲罰我。」「我厭倦了我的生命！」

思想是個非常微妙卻極端有力的能量形式；語言是較不微妙，但更濃密的能量形式；行動則是最濃密的，行動是在沉重物質形式裡的能量。當你思、言和演出一個像「我是個失敗的人」這種負面觀念時，就啟動了極巨量的創造性能量，你會因傷風而病倒一點都不奇怪，那還是最輕微的後果呢！

一旦負面思想變成了物質形式時，就非常難逆轉其效應了。當然，並非完全不可能——卻是非常困難，那需要極端的信心，需要對宇宙的正面力量有非凡的信念——不論你稱之為神、女神、不動之動、原始力量、第一因或不論什麼。

療癒者正是有這樣的信心，那是個跨越到絕對知曉的信心，他們知道你在當下這一刻本應是完全、完整和完美的。這個知曉也是一個思想，一個非常有力的思想，它有移山的力量——更不必說你身體裡的分子了，這就是為什麼療癒者往往甚至在遠距離也能療癒人的理由。

思想無遠弗屆，思想比你說出這個字更快的速度環遊世界，並往返宇宙。

「只要你說一句話，我的僕人便會被療癒。」的確如此，在那同一刻，甚至在他說完這句話之前。百夫長的信心就是這麼強（譯注：見《新約》〈馬太福音〉第八章）。

然而，你們全是精神上的痲瘋病患，你們的心智被負面思想逐漸吞蝕。這其中有些思想是被丟在你身上的，許多事實上則是你自己假造的，而且你還緊抱、思慮了數小時、數日、數週、數月，甚至數年。

……而你卻奇怪自己為何會生病。

所以藉由解決你思路裡的問題，就能如你所說的「解決一些健康問題」。是的，你能療癒一些你已經有（給了自己）的狀況，同時也防止重要的新問題發展。你可以藉改變思想而做到這一切。

還有——而我很討厭去建議這點，因為它聽起來是如此的俗不可耐，但——看在老天份上，對你自己照顧得好一點！

你糟蹋你的身體，對它根本很少注意，直到你懷疑它出了什麼問題。你在預防維護方面真的什麼都沒做。你照顧你的車子還比你的身體好些……

你不但沒有做定期的檢查、一年一度的體檢，和用醫師給你的療法和藥品（你為什麼去看醫生，尋求她的幫助，然後不用她建議的治療？你能回答我這個問題嗎？）——在沒去看醫生的這段期間，你又非常嚴重的錯待你的身體，而置身體於不顧！

你不做運動，因此身體變得鬆弛肥胖，更壞的是，越不用越不靈。

你不給它適當的營養，因此它更羸弱。

然後你用毒物以及裝作是食品的最荒謬的物質去餵你的身體。然而，面對這打擊，這個神奇的機器仍舊為你工作，它仍然發出軋軋聲勇敢的向前推進。

那真是可怕。你要求身體在這種情況下還能倖存很可怕，但你卻很少，甚至完全不改善。

你會讀到這裡，然後充滿遺憾的點頭同意，但立刻又會再去錯待自己。你知道為什麼嗎？

我不敢問。

因為你沒有活下去的意志。

那彷彿是一項很嚴苛的指控。

這並非有意的嚴苛，也非有意的指控。「嚴苛」是個相對的說法，是你放在字句上面的判斷。「指控」意謂著罪惡感，而「罪惡感」意涵做錯了事，在此並沒涉及做錯事，所以沒有罪惡感，也沒有指控。

我只是做了一個單純對真理的聲明。就像所有對真理的聲明一樣，它具有喚醒你的性質。有些人不喜歡被喚醒，大多數人不喜歡，大多數人寧願酣睡。

由於世界充滿了夢遊者，世界才是現在這種狀況。

關於我的聲明，它有什麼地方看來不真實呢？你沒有活下去的意志，至少直到現在為止，你一丁點都沒有。

如果你告訴我你已經有了「立即的轉化」，我會重新評估你現在要做什麼。我承認我的預言是建立在你過去的經驗上。

……我說這話的意思也是有意要喚醒你。有時候，當一個人真的是睡得很沉時，你必須搖他一下。

我看到你過去沒有多少活下去的意志，現在你可能會否認，但其實，你的行為比你的言語更能看出真相。

如果在你的一生中，你曾經點過一根菸——更別說像你一樣二十年來每天一包菸——你活下去的意志就很少。因為你並不在乎你對自己的身體做了什麼。

但我十年多前就停止吸菸了！

這是對身體進行了二十年嚴懲之後，

而如果你曾飲過酒，你活下去的意志也非常低。

我只有淺酌而已。

身體並不是生來要飲入酒精的，它會損害心智。

但耶穌也飲酒啊！他去參加婚禮，並將水變成酒！

所以誰說耶穌是完美的呢？

哦！拜託！

喂，你是不是被我激怒了啊？

哼，我才不會被神激怒呢，我的意思是，這樣的說法不是有點太高傲了嗎，是不是？但我的確認為我們可能太過火了。我父親教過我「中庸之道」。有關於酒精的事，我想我還是固守那一點好了。

身體能很容易的從只是中度的虐待中恢復過來，所以那個說法是有用的。然而，我也要固守我原始的聲明：身體並不是生來要飲入酒精的。

但有些藥物也包含了酒精啊！

對於你們稱之為藥物的東西，我無從干涉。我仍然堅持我的聲明。

你真的很僵化耶，不是嗎？

嘿，實話就是實話。如果有人說：「小酌無傷。」而將這說法套在你現在所過的生活範疇裡，我必須同意他們。但那並不致改變我話的真實性，只不過容許你去忽略它而已。

然而，你考慮一下，如果按照目前的一般標準，你們人類大概在五十到八十年間會用壞你們的身體。有些身體更耐久一些，但並不多。有些更早便停止作用了，但大多數人並不會。在這樣的標準下，我們能否同意「小酌無傷」那一點？

可以。

好吧，那麼我們就有了一個好的討論起點。當我說我能同意「小酌無傷」這說法時，是加上了「在你現在所過的生活範疇裡」這個條件，你明白為什麼嗎？你們人類似乎滿足於目前所過的生活。如果你發現生命原來該以一種全然不同的方式去過，而且你的身體原是設計好要使用比目前更長的壽命時，你可能會很驚訝！

真的嗎？

是的。

長多少？

長得無限多。

那是什麼意思？

我兒啊，我的意思是，你的身體是設計好可以永遠存續的。

永遠？

是的，甚至比永遠還更多。

你的意思是，我們可以永遠不死囉？

你真的永遠不死，生命是永恆的，你是不朽的。你真的永遠不死，你只不過改變形式，你甚至連那也不必做。是你決定去那樣做，我並沒有，我造給你的身體可以永遠保持。你真的以為神所能做的最好的，我所能做的最好的，是一個可以活到六十、七十，甚至八十歲才崩潰毀壞的身體？你是否以為那就是我能力的局限？

我從來沒有想到這樣的可能……

我設計了你宏偉美觀的身體，以便永遠保持下去！而最早期的人類的確活在一個真的無痛的身體裡，而不必恐懼你們現在稱為死亡的東西。

在你們的宗教神話裡，你們將自己對這些人類最早版本的細胞性記憶象徵化，而稱之為亞當與夏娃。而事實上，當然有比這兩個更多的始祖。

在一開始，意思是要讓你們這些神奇的靈魂，有個機會透過在肉身裡及在相對世界裡獲得的經驗，去認識你們自己真正是誰——如我曾在此一再重複解釋的。

這是藉由放慢所有振動（思想形——thought form）的速度以產生物質——包括你們稱之為肉體的物質。

在你們稱為兆億年時光的一瞬間，生命經由一連串的步驟演化，而在這神聖的瞬間，你們由海洋——生命之水中出來，來到陸地上，而進入你們現在保有的形式裡。

那麼進化論者是對的！

我覺得很好玩——事實上，是個持續不斷的趣味來源——你們人類有種將每件事分辨為對和錯的需要。你們從沒想到，你們製造出那些標籤以助你們定義物質——以及你們自己。

你們（除了你們中最精細的心智之外）從沒想到，可以同時是既對又錯的；只有在相對的世界裡，事物才是非此即彼的。在絕對的、有時間—無時間的世界裡，所有的事物即每一件事物。

沒有男性和女性，沒有之前和之後，沒有快和慢、此處和彼處、上和下、左和右——也沒對和錯。

你們的太空人和宇宙人（cosmonauts）已經有過這個感受。他們想像自己被火箭送上去到外太空，到了那裡之後，他們卻發現向上看到地球。也或許並不吧？或許他們向下看到地球！

然而，太陽又在何處？上？下？非也！在左邊。所以現在，突然之間，一件東西既非上也非下——它在側邊……而所有的定義於是都消失不見了！

因此，在我的世界——我們的世界——我們真正的界域——也是一樣的。所有的定義都消失了，以至於連以確定的說法來談論這界域都變得很困難了。

宗教是你們想說出那不可說的企圖，但並沒做得很好。

不，我的兒子，進化論者並不對。我在一眨眼間，只在一瞬間創造出所有的一切——所有這一切，正如創造論者（Creationists）所說的。而……正如進化論者宣稱的，這個演化過程花了你們億萬年的時光。

他們兩方都是「對的」。正如宇宙人發現的，這全仗著你是如何看它。

但，真正的問題是：一個神聖的瞬間或億萬年——又有何區別？你們能不能就簡單的同意，有些有關生命的問題是太過神秘，甚至你們也無法解答？為何不將那神秘視為神聖的？並且，為何不讓那神聖的做為神聖的，而別去管它呢？

我猜想我們全都有一種無法滿足、想要知道的需要。

但你已經知道了！我剛剛告訴你了！然而你並不想知道真相，你只想知道你所了解的真相，這是你悟道的阻礙。你以為你已經知道真相了！你以為你已經了解那是怎麼回事了。所以你同意在你能了解的範型的每樣你看到、聽到，或讀到的事物，而排斥每樣不合理的事物，你稱這為學習，你稱這是對教誨開放。可歎啊！你除了對自己的真理開放之外，對每樣事物全都採封閉態度的話，你就永遠無法對教誨開放。

因此，這本書便會被有些人稱為褻瀆——魔鬼的作品。

然而那些有耳能聽的人，讓他們聆聽。我告訴你這點：你們本來是不該會死亡的。你們的物質形式是被創造為一個偉大的方便、一個神奇的工具、一個光榮的載具，以容你去經驗你在自己心智中創造出來的實相，以便你能認識你在你靈魂裡創造出來的自己。

靈魂孕育，心智創造，身體體驗，循環就此完成。然後靈魂在其自身的經驗中認識自己。如果靈魂不喜歡它所經驗的（感受的），或為了任何理由希望有個不同的經驗，靈魂只不過孕育一個自己的新經驗，而十分真確的改變其心意。

很快的，身體會發現自己在一個新經驗裡（「我即復活及生命」是一個偉大的例子）。無論如何，你認為耶穌如何做到的呢？或者，你不相信它真的發生過？相信吧，它發生了！

然而，至少以下這些是真的：靈魂永遠不會凌越身體或心智，我造你們為一個三合一的生靈。你是三個存在合而為一的，按照我的形象造成的。

自己的三個面向彼此並非不平等的。每個都有個機能，但沒有一個機能比其他的機能更偉大，也沒有任何一個機能實際上在另一個之前，所有的都以完全平等的方式彼此相連。

孕育—創造—經驗。你所孕育的你創造，你所創造的你經驗，你所經驗的你孕育。

那就是為何我們說，如果你能令身體經驗某件事（比如說，富足），你很快便會在靈魂裡感受到它，你的靈魂會以一種新方式孕育它（就是說，富足），於是給心智看到與它有關的新思維，由這新思維躍出更多的經驗，而身體開始活在新的實相裡，視它為一種永恆不變的存在狀態。

你的身、心和靈是一體的，在這點上，你是一個具體而微的我——神聖的一切，神聖的萬物，總和與內涵（the Divine All, the Holy Everything, the Sum and Substance）。現在你明白我如何是萬物的開始和結束、起點和終點（the Alpha and the Omega）了。

現在我要解釋給你聽那終極的神秘：你們和我的精確而真實的關係。

你們是我的身體。

正如你的身體相對於你的心智和靈魂的關係，你們相對於我的心智和靈魂的關係也是一樣的。所以：

我所經驗的每樣事，是我透過你們來經驗的。

正如你的身心和靈是一體的，我的也是一樣。

因此，當那撒勒的耶穌——了解這神秘的許多人之一——說「我與父為一」時，他是說出了一個不可改變的真理。

現在我要告訴你，有一天你們會認識一些甚至更大的真理。因為正如你們是我的身體，我也是另一個靈的身體。

你的意思是，你並不是神？

是的，我是神，如你們現在了解的神，我是如你們現在理解的女神，我是你們現在知道和經驗的每件事的孕育者和創造者，而你們是我的孩子……正如我是另一個靈的孩子一樣。

你是否在試圖告訴我，甚至神也還有一位神？

我在告訴你，你對終極實相的感知，比你想像的更狹隘，而真理比你們所能想像的還要更無限。

我在給你對無限——和無限的愛——一個極小的一瞥（在你的實相裡，你無法保有一個大得多的一瞥。你連這小小的一瞥也難能保有）。

等一等！你的意思是說，現在我真的並不是在與神談話？

我告訴過你——如果你理解神為你的創造者和主人——正如你是你自己身體的創造者和主人，那麼，我是你所理解的神。是的，你是在跟我談話，這是個很美味可口的對話，不是嗎？

不管美味與否，我以為我是在與真正的神談話，萬神之神。你明白的——最高的上司，主要的領導人。

你是的，相信我，你是。

然而，你說在這階層組織的設計裡，在你之上還有某人。

我們現在正試圖做那不可能的事，即說出那不可說的。如我說過的，那是宗教所尋求去做的。讓我看看我能否找出一個法子來下個綜論。

「永遠」比你所知的要長，永恆又比永遠要長。神比你想像的要大，想像又比神還要大，神是你稱之為「想像」的能量。神即第一個思維，神即最後一個經驗，而神也是在其間的每樣事物。

你有沒有透過高密度的顯微鏡看過，或看過分子活動的照片或影片，並且說：「老天啊，那裡有一整個宇宙呢。而對那個宇宙而言，我——現在在場的觀察者，必然感覺起來像是神一樣！」你有沒有說過那種話？或有那類經驗？

有的，我猜每個有思想的人都應該有過。

沒錯，你已給過自己對於我在此顯示給你看的事物的一瞥。

而如果我告訴你，你讓自己瞥見一眼的這個實相永不完結，你又會怎麼做呢？

請你解釋這句話，我想請你解釋這句話。

好，請你取你能想像的宇宙最渺小的部分。想像這細小、很細小的物質顆粒。

好的。

現在將它切成兩半。

好的。

你現在有什麼？

兩個更小的一半。

一點不錯。現在再將它們切成一半。現在又如何？

兩個更小的一半。

對了。現在，再切，又再切！剩下什麼？

越來越小的顆粒。

是的，但它何時停止呢？你能分割物質多少次，直到它不再存在為止呢？

我不知道，我猜它永遠不會停止存在。

你的意思是你永遠不能完全毀掉它，你所能做的只是改變其形式？

看起來似乎如此。

我告訴你，你剛才學到了所有生命的秘密，並且看見了無限。

現在我有問題要問你。

好吧……

你怎麼會以為無限只向一個方向進行？

所以……向上走也沒有結果，就像向下走一樣。

並沒有上或下，但我了解你的意思。

但，如果「小」沒有結束，那就是說，「大」也沒有結束囉？

正確。

但如果「大」沒有結束，那麼就沒有「最大」。也就是說，以最大的方式而言，並沒有神。

或是，也許——所有一切都是神，而並沒有其他。

我告訴你：我是我所是的（I AM THAT I AM.）。

而你是你所是的，你無法不是。你可以隨你所願的改變形式，但你無法不存在。然而你可以不知道你是誰——而在這個失敗裡，只體驗了一半。

那便會是地獄了。

一點沒錯，然而你並沒被罰進地獄，你並沒有被永遠放逐到地獄去。要由地獄出來——由不知道出來——所需的只是重新知道。

有許多方法和許多地方（次元）你可以這樣做。

你現在在那些次元中的一個，以你們的了解，它被稱為第三次元（三度空間）。

而還有很多別的？

我不是告訴過你們，在我的王國裡有許多大廈？如果事實不是如此，我不會這樣告訴你。

那麼，並沒有地獄——不是真的有。我是說，並沒有我們被永遠詛咒待在那兒，不得翻身的一個地方或次元！

那樣目的又何在呢？

然而，你永遠被你的知曉所局限——因為你們——我們——是一個自我創造的生靈。

你無法做你不知道你自己是的東西。

那就是你為何被給與了這一生——因此你可以在自己的經驗裡認識你自己。然後你能孕育自己為你真正是誰，而在你經驗裡創造自己成那樣——而圓圈便再次完成了……只是更大些。

因此，你是在成長的過程裡——或如我在這整本書在講的——變為的過程裡。

你能變成什麼並無限制。

你的意思是，我甚至能變為——我能說出口嗎？一位神……就像你一樣？

你認為呢？

我不知道。

除非你知道，否則你不能。記住那三角形——神聖的三位一體：是靈——心——身，孕育——創造——經驗。記住，用你的象徵：

聖靈＝靈感＝孕育
聖父＝為人父母＝創造
聖子＝子女＝經驗

聖子經驗聖父思維的創造，而那思維是由聖靈孕育的。

你能孕育你自己有一天做一位神嗎？

在我最狂野的時刻。

很好，因為我要告訴你，你已經是一位神，只不過你不知道而已。

我難道沒說過，「你們是神」嗎？

14 這並非我向你說話的唯一方式

好吧，我已替你解釋了一切。生命是如何運作的，其真正的理由和目的。我還能給你什麼幫助嗎？

我沒有問題了，我對這個不可置信的對話滿懷感激，它是如此深遠，如此博大，而且當我回顧原問題時，發覺我們已涵蓋了與生命、關係、錢財、事業，及健康有關的最前面五個問題。如你所知，在我原始的單子上，我有更多問題，但不知怎的，這些討論使得那些問題看似都不重要了。

是的。不過，你既然問了那些問題，就讓我們很快的一一回答其餘的問題。我們既然這樣快速的通過這資料——

——什麼資料——？

我讓你得知的資料——現在既然我們這麼快速的通過這資料，不如讓我們看看那些剩下的問題，且很快的處理吧。

第六，我在此該學的因果教訓（karmic lesson）是什麼？我正在試圖嫻熟什麼？

你在此不學任何事，你沒有要學的東西，你只需要憶起（remember），也就是，重新成為（re-member）我。

你在試圖嫻熟什麼？你正在試圖嫻熟「嫻熟本身」。

第七，有沒有轉世這回事？我有過多少前生？我的前生是什麼？「因果債」（karmic debt）是真有其事嗎？

很難相信你對此仍有疑問，我覺得很難想像。有這麼多從完全可信的來源來的有關前生經驗的報導。其中有些人還曾帶回令人震驚、詳盡的事件描述和全然可以實證的資料，足以消除任何疑慮——它們既不可能偽造，也不可能是設計來欺騙研究者和至愛的人。

既然你堅持要精確，我就告訴你，你曾有過六百四十七個前生，這是你的第六百四十八生。你什麼都當過，國王、王后、農奴；老師、學生、大師；男人、女人；戰士、和平主義者；英雄、懦夫；殺人者、救主；智者、傻瓜。你曾經是所有一切！

不，沒有像因果債這種事——並不以你這問題裡問的意義存在。債務是某樣必須償還的東西，而你並沒有義務去做任何事。

不過，你仍然有些你想要去做和選擇去經驗的事，那源自你以前所曾經驗的事。

對於你所稱的因果，這是文字所能做的最貼近的解釋了。

如果因果指的是，天生想要更好、更大、演化和成長，並且視過去的事件和經驗為其指標的話，那麼，沒錯，因果的確存在。

但因果並不要求任何事，從來不曾要求任何事。你是——如你一向永遠是的——一個有自由選擇的生靈。

第八，我有時覺得頗有神通。但到底有沒有神通這回事？我是個通靈者嗎？宣稱通靈的人是否在「與魔鬼打交道」？

是的，是有神通這回事。你就是通靈者，每個人都是，沒有一個人沒有你所謂的通靈能力，只有不去用它的人。

利用通靈能力，只不過是和利用你的第六感一樣。

顯然這並非「與魔鬼打交道」，否則我不會賦予你這種能力，當然也沒有可與之打交道的魔鬼。

有一天——也許在第二部裡——我會向你解釋通靈能量和通靈能力是如何作用的。

會有第二部嗎？

是的，但讓我們先結束這一部。

第九，做好事是否可以收費？如果我選擇在世上做治療的工作——神的工作——我能這樣做而同時也變得經濟上很寬裕嗎？或兩者是互相牴觸的？

我已經講過這個了。

第十，性是許可的嗎？請照實說吧——在這人類經驗背後的真實故事是什麼？性，是否如某些宗教說的純粹是為了繁衍後代？是否得透過否定——或轉化——性能量，才能達成真正的神聖和悟道？是否可以享有無愛之性？光只是身體上的性感受，是否足以成為一個享受性的理由？

享受性當然是可以的。我再說一次，如果我不要你們玩某些遊戲，我就不會給你們那些玩具。你難道會給你的孩子們不想要他們玩的東西嗎？

與性遊戲，與它遊戲！性是非常好玩的。不是嗎？性幾乎是你用你的身體所能享有的最好玩的事——如果你單單只是嚴格的以身體經驗來講的話。

但是，看在老天的份上，不要誤用性而毀掉了性的無邪和歡愉，以及其好玩、喜悅的單純性。不要為了權力或隱藏的目的使用性；別為自我誇耀或宰制別人而利用性；除了彼此給予和分享純粹的喜悅、最高的狂喜——那即愛與被重新創造的愛，那即新生命——以外別為了任何其他目的而用它。我難道沒選擇一個美妙的方式，來讓你們更成為人嗎？

至於否定，我先前也曾談到過，從來沒有任何神聖的事物可經由否定而達成。然而，當對更大的實相略見一瞥時，欲望改變了。所以，有些人就渴望較少的，或甚至沒有性生活，或任何種類的身體活動，這也不足為奇。對有些人而言，靈魂的活動變得最重要，並且更愉悅些。

每個人各行其是，不需批判——那才是座右銘。

我對你問題的結論是：你不需為任何事找理由，只是做原因（be cause），做你經驗的原因。

記住，經驗產生對自己的觀念，觀念產生創造，創造產生經驗。

你想要體驗自己為一個享有無愛之性的人嗎？盡量去做！你可以那樣做，直到你不想再做為止。而唯一能令你停止這樣做，或任何其他行為，是你重新想起你是誰。

這是如此簡單，又如此複雜。

第十一，如果我們必須盡可能避開性，那你又為什麼將性造得這麼好，這麼令人目眩、這麼有力的一種人類經驗呢？哪一邊得讓步？又為什麼所有好玩的事不是「不道德、不合法」，就是「讓人發胖」的呢？

我剛才已經回答了這個問題，所有好玩的事並非不道德、不合法或讓人發胖的。不過，你們的人生是界定何為「好玩」的有趣演練。

對有些人而言，「好玩」意謂著身體的感受；對其他人而言，「好玩」可能是某些全然不同的事。全看你以為你是誰，以及你在世間做什麼。

關於性，可說的實在太多，但再沒有比以下更基本的：性是喜悅，而你們許多人卻使得性成為除了喜悅之外的事。

性也是神聖的沒錯，但喜悅和神聖的確可以相融（事實上，那是同一件事），而你們許多人卻認為兩者不能相融。

你們對性的態度，構成了你們人生態度的一個具體而微的例子。人生應該是一種喜悅、一種歡慶，而你們的人生卻已變成了恐懼、焦慮、不滿足、嫉妒、氣憤和悲劇的經驗。同樣的，對性來說也是如此。

就如你們壓抑了人生一樣，你們也壓抑了性，而無法盡情和喜悅去完全的自我表達。

就如你們羞辱了人生，你們也羞辱了性，稱它為邪惡的，而非最高尚的禮物和最大的愉悅。

在你抗議說你沒有羞辱人生之前，且看看你們對人生的集體態度。世上五分之四的人認為人生是一種考驗、一種試煉、一項必須償付的因果債、一個有著艱深教訓得學的學校，而且，視人生為必須忍受的經驗，卻同時在等待真正的喜悅，而那往往是在死後。

這麼多人這樣想是很羞愧的事，難怪你們將羞辱付加於創造生命的行為本身！

在性底下的能量，即是在生命底下的能量；那就是生命！彼此吸引的感受和強烈，以及急迫地想向彼此靠近、想合而為一的欲望，是所有生命的基本動力。我將這基本動力付諸萬物使它天生、與生俱來的在一切萬有之內。

你們在「性」的周圍（以及在愛和所有生命的周圍）所放置的道德律、宗教戒律、社會禁忌和情感慣例，已使得你們根本不可能慶祝你的存在了！

有史以來，所有的人所曾想的唯有愛和被愛。而有史以來，人們卻在他能力所及之處，做盡了所有使他不可能去愛和被愛的事。性是愛——愛別人、愛自己、愛生命——的一種不凡表現。所以，你應該愛性（而且你也的確愛性——你只不過無法告訴任何人你愛性；你不敢表現你有多愛性，否則你會被稱為變態。然而，這才是變態的想法）。

在下一部書裡，我們將更進一步觀察性；更細密的探索其動力學，因為性的經驗和課題具有遍及全球的重大意涵。

目前——並且對你個人而言——只要簡單的認知：我沒給你們任何可恥的東西，更別說是你們的身體和它本身的機能了。沒有必要隱藏你們的身體或其機能，或你們對它們的愛，以及對彼此的愛。

你們的電視節目，對於展現赤裸的暴力，全然不以為意，卻怯於展現赤裸裸的愛。你們整個社會都反映出這種取捨。

第十二，在其他的星球上有生命嗎？他們來探訪過我們嗎？我們現在是否正被觀察著？在此生，我們會看到有關外星生命不可置疑和不容辯駁的證據嗎？每種生命形式是否都有自己的神？你是所有一切的神嗎？

你這個問題的第一部分，是的。第二部分，是的。第三部分，是的。我無法回答第四部分，因為它要求我去預言未來——這是我不會去做的事。

不過，在第二部裡，我們將對這所謂的未來談得較多——而我們在第三部裡會再談到外星生命和神的本質。

我的天，還會有第三部啊？

讓我在這兒列出大綱。

第一部包括基本真理，主要的理解，並且談論基本的個人事務和主題。

第二部包括影響更深遠的真理，更大的理解，並談論全球的事務和主題。

第三部包括你們目前所能理解的最大真理，並談論宇宙性的事務和主題——全宇宙的生靈所處理的事務。

正如你花了一年光陰去寫完第一部，你也會被給予一年時光寫完後面兩部。

我明白了。這是個命令嗎？

非也。如果你會問出這個問題，表示你對這本書一點都不了解。你選擇了去做這工作——而你也被選了，循環完成了。

你了解嗎？

了解。

第十三，烏托邦有一天會不會降臨到地球？神會不會如他承諾過的顯現給地球上的人？有沒有「基督再臨」這回事？會有世界末日的來臨嗎，如在《聖經》裡預言過的？有沒有一個唯一的真正宗教？如果有，是哪一個？

這些答案本身就是一本書，而將組成第三部的大部分。我將這開宗明義的第一部局限在比較個人的事情、比較實際的主題上。在接下去的書裡，我會談到具有全球和宇宙性意涵的更大的問題和事情。

就這樣子嗎？目前為止就這麼多了嗎？我們不再多聊了嗎？

你已經開始想念我了嗎？

是的！這很好玩嘛！我們現在就結束嗎？

你需要休息一下，你的讀者也需要休息。這本書裡有很多得吸收的，很多得努力去理解的，很多要沉思的。休個假吧！然後好好的思考、沉思。

不要覺得被遺棄了，我永遠與你同在。如果你有問題——日常的問題——如我所知你甚至現在就有，並且還會繼續有的，你可以呼叫我來解答，你並不需要這本書的形式。

這並非我向你說話的唯一方式，在你靈魂的真理裡傾聽我，在你心的感受裡傾聽我，在你心智的靜默裡傾聽我。

你們隨時隨地可聽見我，不論何時你有問題，只需知道我已經答覆了，然後對你的世界張開雙眼。

我的回答可以是在一篇已經刊出的文章裡，在一篇已經寫好、正要講出的佈道文裡，在目前正在拍的電影裡，在昨天才寫的歌裡，在你所愛的一個人正要說出的話語裡，在你正要結交的一個新朋友的心裡。

我的真理是在風的私語裡，小溪的潺潺裡，雷電的轟隆裡，雨聲的滴答裡。

我的真理是泥土的感覺、百合的芬芳、陽光的溫暖、月光的引力。

我的真理是你在急需時最有把握的助力，是如夜空一般的莊嚴，又如嬰兒咯咯笑聲般簡單而不可爭議的可靠。

我的真理如劇烈跳動的心那樣大聲，又如與我同聲一氣吸入的氣息那麼安靜。

我不會離開你，我無法離開你，因為你是我的創造和我的產品，我的女兒和我的兒子，我的目的和我的……

自己。

所以，不論何時何地，

當你離開了平安（那是我）時，呼叫我。

我會在，

連同真理，
和光，
和愛。

NOTES

・你指責的將指責你，
你批判的，有一天，你也會變成那樣。

NOTES

・沒有一件事其本身是痛苦的，痛苦是錯誤思想的結果……痛苦來自你對一件事的批判。去掉批判，痛苦便消失了。

NOTES

・宇宙律法之一：你可以是、可以做，並可以擁有任何你能想像的東西。思維是有創造力的。

NOTES

・以靜定開始。讓外在的世界安靜下來，內在的世界就可以帶給你視力。
而這種內在的視力——洞見——就是你要尋找的東西。

NOTES

・你永遠是「一個有自由選擇的靈魂」……

每一個靈魂在每一瞬間都必須選擇——也都在選擇——其本身的命運。

國家圖書館出版品預行編目資料

與神對話全集／尼爾·唐納·沃許（Neale Donald Walsch）著；
王季慶、孟祥森 譯. -- 初版. -- 臺北市：方智，2012.3
1120面；14.8×20.8公分 --（新時代；151）
譯自：The Complete Conversations with God
ISBN：978-986-175-260-0（全套：隨身典藏版）

1. 超心理學 2. 神

175.9 101001033

The Eurasian Publishing Group
圓神出版事業機構
用心與你對話·視野無限寬廣
方智出版社 Fine Press

http://www.booklife.com.tw inquiries@mail.eurasian.com.tw

新時代 151

與神對話 I（下）

作　　者／尼爾·唐納·沃許（Neale Donald Walsch）
譯　　者／王季慶
發 行 人／簡志忠
出 版 者／方智出版社股份有限公司
地　　址／台北市南京東路四段50號6樓之1
電　　話／（02）2579-6600·2579-8800·2570-3939
傳　　真／（02）2579-0338·2577-3220·2570-3636
郵撥帳號／13633081 方智出版社股份有限公司
總 編 輯／陳秋月
資深主編／賴良珠
責任編輯／張瑋珍
編輯協力／應佳燕
美術編輯／劉鳳剛
行銷企畫／吳幸芳·簡 琳
印務統籌／林永潔
監　　印／高榮祥
校　　對／賴良珠
排　　版／莊寶鈴
經 銷 商／叩應股份有限公司
法律顧問／圓神出版事業機構法律顧問 蕭雄淋律師
印　　刷／祥峯印刷廠
2012年3月 初版
2024年8月 24刷

特價：999元（定價：~~1400~~元） ISBN 978-986-175-260-0